Elsass

von Hans Gercke

☐ Intro

☐ Unterwegs

☐ Service

Leserforum

Die Meinung unserer Leserinnen und Leser ist wichtig, daher freuen wir uns von Ihnen zu hören. Wenn Ihnen dieser Reiseführer gefällt, wenn Sie Hinweise zu den Inhalten haben – Ergänzungs- und Verbesserungsvorschläge, Tipps und Korrekturen – dann kontaktieren Sie uns bitte:

Redaktion ADAC Reiseführer
ADAC Verlag GmbH
Am Westpark 8, 81373 München
Tel. 089/76 76 41 59
reisefuehrer@adac.de
www.adac.de/reisefuehrer

Elsass Impressionen
Nahtstelle Europas

»Welch schöner Garten!« rief Ludwig XIV. aus, als er, von Lothringen kommend, einen ersten Blick auf das Elsass warf, auf die dunkel bewaldeten **Berge**, die sonnigen **Rebhänge** und die fruchtbare Weite der **Rheinebene**.

Der besondere Reiz dieser vielfältigen und harmonischen Region im Herzen Europas liegt ebenso in ihren landschaftlichen und klimatischen Vorzügen wie im Zusammentreffen französischer und deutscher Einflüsse. Die unzähligen Kunstschätze sind ebenso ein Genuss wie Radeln oder Wandern im lieblichen Elsass.

Wechselvolle Geschichte

Das Elsass hat immer schon eine **Mittelstellung** eingenommen zwischen Deutschland und Frankreich, zwischen romanischem und germanischem Kulturkreis, und aus dieser Position resultiert seine kulturelle Kraft, aber auch manches Leid, das seine Bewohner im Laufe der Jahrhunderte erfahren mussten.

Dem aufmerksamen Betrachter werden die Spuren solcher Heimsuchungen nicht verborgen bleiben: Soldatenfriedhöfe, Bunkeranlagen, Festungen, Schlachtfelder und auch die ›malerischen‹ Burgruinen zeugen ja nicht gerade von einer friedvollen Vergangenheit.

Und doch ist die **Schönheit** dieser Landschaft nicht bloß Fassade. Denn immer wieder hat sich das Elsass von den Tiefschlägen der Geschichte erholt, haben die Elsässer sich nicht entmutigen lassen. Hin- und hergeworfen zwischen den beiden großen Nationen haben sie von beiden profitiert und unter beiden gelitten, vor allem aber zu beider Kultur Wesentliches beigetragen.

Dass sie sich heute als Bürger Frankreichs verstehen, ist keine Frage. In erster Linie aber verstehen sie sich als Elsässer

Rechts oben: *Dicht an dicht, als ob sich die pittoresken Fachwerkhäuser im Colmarer Petite Venise gegenseitig stützen*
Unten: *Für solch liebliche Panoramen – hier mit der Haut-Koenigsbourg im Hintergrund – ist die Elsässer Weinstraße berühmt*

und als solche sind sie Europäer in einem geradezu exemplarischen Sinn.

Der Rhein als Grenze und Bindeglied

Im Grunde lässt sich die elsässische **Zwitterposition** schon von der Urgeschichte herleiten: Vor Jahrmillionen türmte sich ein Gebirge auf, in dem Vogesen und Schwarzwald noch eins waren. Später brach der Rheintalgraben ein, getrennte Teilgebirge entstanden. Sie weisen nicht nur die gleiche geologische Beschaffenheit auf, sondern sind auch offensichtlich symmetrisch aufeinander bezogen.

Zur Zeit Caesars bildete der **Rhein** die Grenze des zivilisierten Gallien gegen das wilde Germanien, später wurde diese nach Osten verschoben und als ›Limes‹ befestigt. Die Römer zogen sich vor den Germanen zurück, Straßburg wurde zur Grenzfestung ausgebaut. Doch selten kamm läuft, aktenkundig: Die ›Straßburger Eide‹ waren zweisprachig abgefasst, in Altfranzösisch und Althochdeutsch. Da Karl jedoch mehr als nur zwei Enkel hatte, gab man Lothar im Vertrag von Verdun 843 das Elsass, eingebunden in das schmale ›Lotharingien‹ und überließ seinem Besitzer zum Trost die Kaiserkrone. 870 kam das Elsass dann zum Ostfränkischen, d.h. zum späteren Deutschen Reich. Es blieb damit für sieben Jahrhunderte von Frankreich getrennt, bis der Sonnenkönig Ludwig XIV. es sich 1648 einverleibte.

Künstlerische Spuren

Im Stadtbild elsässischer Orte lassen sich beide Epochen klar auseinanderhalten: Die **mittelalterlichen Bauten** und die des **17. Jh.** gehören in einen deutschen Kontext, das **18. Jh.** hingegen spricht die Sprache französischer Architektur.

war die Grenze hermetisch: Als die **Alemannen** um 450 n. Chr. ins Elsass einfielen, fanden sie bereits ihresgleichen vor, eine romanisierte Mischbevölkerung aus Kelten und Germanen.

Unter dem Merowinger Chlodwig wurde das Elsass Randprovinz eines sich neu etablierenden Reiches. Paris war Hauptstadt, der Rhein Grenze. Doch das Reich wuchs, Karl der Große dehnte es bis zur Elbe aus. Seine Enkel teilten es unter sich auf, erstmals wurde die Sprachgrenze, die noch heute über den Vogesen-

Links oben: Vielfältiges Straßburg – eine Plastik von Henry Moore schmückt den Garten vor dem Palais de l'Europe (Europarat)
Unten: ›Legende der hl. Katharina‹, St-Guillaume
Rechts oben: Matthias Grünewald hat mit seinen fantastischen Werken einen festen Platz im Colmarer Unterlinden-Museum (links) – Gewaltig und einzigartig erhebt sich das Westportal des Straßburger Münsters inmitten der Altstadt (rechts)
Rechts unten: Romantisches Ambiente – die Weinbauern laden zu einem Tröpfchen in Ehren...

Zahlreiche Kirchen und Klöster haben sich als Bauwerke von internationalem Rang erhalten, allen voran das Straßburger Münster mit seiner faszinierenden gotischen Fassade und den eindrucksvollen Skulpturen des Südportals und des Engelspfeilers.

Aber das Elsass ist auch außerordentlich reich an weiteren bedeutenden, oft romanischen **Kirchen**, an mächtigen **Bur-**

gen, die auf abenteuerliche Weise in den Fels gehauen wurden, an Städtchen und Dörfern mit verträumten Gassen und anmutigen **Fachwerkhäusern**.

Künstler von Weltrang wie Matthias Grünewald und Martin Schongauer hinterließen Spuren, die Barockzeit steuerte prächtige Palais und kostbare Schnitzereien bei, nicht zuletzt die berühmten Orgeln des Andreas Silbermann.

Traditionelle Eigenständigkeit

Wie gesagt – den Elsässern war Bevormundung schon immer verhasst. Im Jahre 1262 besiegten zum Beispiel die Straßburger ihren Bischof und nahmen die Geschicke ihrer Stadt selbst in die Hand. Die Predigten des Theologen und Philosophen Meister Eckhart, der 1313 Generalvikar zur Betreuung der Straßburger

Frauenklöster wurde, bewogen schon lange vor der Reformation Nonnen zum Austritt aus ihrem Kloster.

Im Jahr 1354 schlossen sich die wichtigsten elsässischen Städte zur **Dekapolis** (Zehnstädtebund) zusammen.

Die Bundschuh-Bewegung ging 1493 vom Elsass aus. Das Aufbegehren der Unterdrückten im Bauernkrieg wurde allerdings 1525 von Herzog Anton von Lothringen blutig beendet.

Nachdem weite Teile des Elsass mit dem **Westfälischen Frieden** an Frankreich gekommen waren, blieb das kulturelle Leben zunächst noch durchaus deutsch. Erst die Französische Revolution von 1789, die die Elsässer freudig begrüßten, versuchte, die Bevölkerung zu ›wirklichen‹ Franzosen zu erziehen.

Gegen solche Versuche, wie sie auch nach den beiden Weltkriegen unternommen wurden, wehrte man sich ebenso hartnäckig wie gegen die Germanisierungsbestrebungen der Deutschen in den Jahren 1871–1918 und 1940–1945.

Oben: *Verschiedenste Kunstformen geben sich in Straßburg ein lebendiges Stelldichein*
Unten: *Abendliche Dinneridylle im Innenhof der Brasserie du Dauphin in Straßburg*
Rechts oben: *Wer könnte sich dem zauberhaften Anblick der Vogesen entziehen, wie er sich von der Haut-Koenigsbourg aus darbietet?*
Rechts Mitte: *Wein, Weib und Gesang – frei nach diesem Motto wird überall entlang der Weinstraße zur Degustation eingeladen*

tiziert wird. Aber auch der alemannische Dialekt wird in den vergangenen Jahren wieder, insbesondere in der Dichtung und durch überregional bekannt gewordene Liedermacher, als wertvolles Kulturerbe gepflegt.

Der Reiseführer

Dieser Reiseführer beschreibt in **sieben Kapiteln** die wichtigsten Sehenswürdigkeiten des Elsass auf einem Weg von Norden nach Süden.

Die Gliederung orientiert sich an der Grenze zwischen dem nördlichen Département Bas-Rhin und dem südlichen Haut-Rhin, aber auch an den Zugängen in die Berge, an den verschiedenartigen, markanten und landschaftlich reizvollen Tälern, die die Vogesen von West nach Ost durchfurchen.

Nummerierte **Übersichtskarten** und detaillierte **Stadtpläne** erleichtern die Orientierung. Die **Top Tipps** heben besondere Sehenswürdigkeiten, Hotels und Restaurants etc. hervor. Den Besichtigungspunkten sind **Praktische Hinweise** mit Tourismusbüros, Besonderheiten vor Ort sowie Hotel- und Restaurantbeschreibungen angegliedert. Farblich abgesetzte **Kurzessays** mit Hintergrundinformationen runden den Reiseführer ab. **Elsass aktuell A bis Z** bietet alphabetisch geordnet Nützliches von Informationen vor Reiseantritt über Essen und Trinken bis zu Verkehrsmitteln im Land. Ein umfassender **Sprachführer** vermittelt Kenntnisse, die die Verständigung im Land erleichtern.

Europäische Zukunft

Im Elsass ist so manches angelegt, was vorbildlich sein könnte für ein Europa der Zukunft, und so passt es auch gut, dass sich gerade in Straßburg das **Europäische Parlament** niedergelassen hat. Der französische Staat, seit Charles de Gaulle bemüht, die Zentralisierung zumindest ein wenig abzubauen, hat im Elsass bemerkenswerte Zeichen gesetzt: Zwar ist die offizielle Amts-, wie auch die Umgangssprache der jüngeren Generation durchweg Französisch, doch wird Zweisprachigkeit schon in der Schule gefördert. Innerhalb Frankreichs ist das Elsass nicht nur die einzige kulturell autonome Region, sondern auch die einzige Region, in der **Zweisprachigkeit** tatsächlich prak-

Geschichte, Kunst, Kultur im Überblick
Von Deutschen und Franzosen, Krieg und Frieden – der Weg nach Europa

Vor- und Frühgeschichte

ab 20 000 v. Chr. In der Altsteinzeit durchstreifen nomadisierende Jäger und Sammler die Gegend zwischen Rhein und Gebirge.

ab 5500 v. Chr. In der Jüngeren Steinzeit (›Neolithische Revolution‹) siedeln Bauern in der fruchtbaren Rheinebene und an den Hängen des Gebirges.

ab 2500 v. Chr. Während der Bronze- und Eisenzeit entstehen Befestigungsanlagen und Fliehburgen, wie die ›Heidenmauer‹ auf dem Odilienberg.

ab 1000 v. Chr. Keltische Stämme siedeln sich am Oberrhein an.

ab 4. Jh. v. Chr. Germanen folgen ihnen und bedrohen das Römische Reich.

Römerzeit und frühes Mittelalter

58 v. Chr. Caesar besiegt als ›Schutzherr der Kelten‹ den suevischen Heerführer Ariovist zwischen Altkirch und Thann, das linksrheinische Gebiet gehört fortan zum Römischen Reich.

52 v. Chr. Julius Caesar verleibt Lothringen dem Römischen Reich ein.

84 n. Chr. Bau des Limes zur Sicherung der rechtsrheinischen Eroberungen gegen Übergriffe der Germanen.

3. Jh. Beginn des Weinbaus am Oberrhein.

260 Der Limes wird aufgegeben, die Grenze an den Rhein zurückgenommen. Straßburg, das römische Argentorate, gewinnt damit vorübergehend eine bedeutende strategische Position.

um 300 In der Völkerwanderungszeit dringen Germanenstämme ins Elsass ein, verwüsten das Land, gründen aber auch Siedlungen. Der Name ›Elsass‹ entsteht: ›Alisatz‹ ist das Land, in dem ›die anderen sitzen‹, aus germanischer Sicht also das Land mit dem Hauptfluss ›Ill‹ jenseits des Rheins.

343 Erste Erwähnung eines Straßburger Bischofs (Amandus).

357 Julian Apostata, nach der Reichsteilung Caesar der westlichen Provinzen, besiegt noch einmal die Germanen. In der Schlacht bei Straßburg schlägt er die Alemannen in die Flucht, deren König Chnodomar ergibt sich.

um 400 Die Römer sind den zunehmenden Übergriffen der Germanen nicht länger gewachsen, geben die Rheingrenze auf und ziehen sich hinter die Vogesen zurück.

496 Der Frankenkönig Chlodwig besiegt die Alemannen und bezieht das Elsass als Grenzmark in sein nun von der Atlantikküste bis zu Main und Donau reichendes Land ein, das er von Paris aus regiert.

Für den Merowinger Frankenkönig Chlodwig I. (466–511) mag seine Taufe 498 ein kleiner Schritt gewesen sein, aber es war ein großer für die Christianisierung des Elsass

Im Vertrag von Verdun wird 843 das Erbe Ludwigs des Frommen unter seinen drei Söhnen aufgeteilt

498 Chlodwig lässt sich taufen – die Christianisierung des Elsass beginnt.

610 Der Ire Columban gründet in den burgundischen Vogesen das Kloster Luxeuil. Von hier aus wird die Missionierung des Oberrheins vorangetrieben.

683 Die merowingischen Könige setzen Herzöge zur Verwaltung ihres Reiches ein. Erster Herzog wird Eticho, der Vater der hl. Odilia. Nach seinem Tod wird das Land in zwei Grafschaften geteilt, Nordgau und Sund(= Süd)gau.

800 Kaiserkrönung Karls des Großen

817 Nach den Merowingern treten deren Hausmeier, die Karolinger, das Erbe des Frankenreichs an. Karl der Große weitet es über die Rheingrenze bis zur Elbe hin aus. Sein Sohn Ludwig der Fromme teilt es in drei Teile, wobei dessen ältestem Sohn Lothar das Elsass zugesprochen wird.

833 Ludwigs Söhne zwingen nach dem Kampf auf dem ›Lügenfeld‹ bei Colmar ihren Vater, der die verabredete Teilung zugunsten seines Sohnes aus zweiter Ehe, Karls des Kahlen, rückgängig gemacht hatte, zum Rücktritt.

842 Karl und Ludwig verbünden sich gegen Lothar und teilen im Vertrag von Straßburg das Reich unter sich – das erste Dokument in (Alt-)Französisch und (Alt-)Hochdeutsch (›Straßburger Eide‹).

843 Bereits ein Jahr später wird im Vertrag von Verdun auch diese Teilung wieder rückgängig gemacht: Karl erhält das Westreich ›Neustrien‹, das spätere Frankreich, Ludwig das Ostreich ›Austri-

en‹, Lothar das nach ihm benannte Zwischenreich (›Lothringen‹) und die Kaiserwürde.

870 Im Vertrag von Meersen wird das Zwischenreich nach Lothars Tod zwischen Karl und Ludwig aufgeteilt. Ludwig bekommt das Elsass, das fortan zum deutschen Reich gehört und nach dem Wechsel der Dynastie in Deutschland für 700 Jahre völlig von Frankreich getrennt bleibt.

Das deutsche Elsass

925 König Heinrich I. vereinigt Elsass und Alemannien zum Herzogtum Schwaben.

1079 Unter den Hohenstaufern wird das Elsass Kernland der kaiserlichen Hausmacht.

1262 Schlacht bei Oberhausbergen: Die Emanzipation der Städte kann einen ersten Erfolg verbuchen im Sieg der Stadt Straßburg über ihren Bischof. Fortan entwickelt sie sich als freie Reichsstadt zu einem bedeutenden wirtschaftlichen und geistigen Zentrum.

1268 Nach dem Untergang der Staufer (1238) zerfällt das Elsass in zahlreiche Herrschaftsgebiete, wobei die Bedeutung der freien Reichsstädte ständig wächst.

1354 Colmar, Mülhausen, Münster, Kaysersberg, Oberehnheim, Rosheim, Schlettstadt, Türkheim, Weißen-

burg schließen sich unter der Führung von Hagenau zur Verteidigung ihrer Reichsunmittelbarkeit zum Zehnstädtebund Dekapolis zusammen.

1439 Die Armagnaken, berüchtigte Söldnerheere aus Südfrankreich (benannt nach ihrem Anführer, dem Grafen von Armagnac), verwüsten das Land.

1469 Die Habsburger verpfänden die Landgrafschaft Oberelsass an Herzog Karl den Kühnen von Burgund.

1477 Herzog Karl der Kühne von Burgund stirbt in der Schlacht von Nancy. Befreiung Lothringens und des Elsass von burgundischer Herrschaft.

1510 Der 1445 in Schaffhausen geborene, wortgewaltige Münsterprediger Johann Geiler von Kaysersberg stirbt in Straßburg.

1512–15 Matthias Grünewald (um 1489 bis um 1528) malt seinen berühmten Isenheimer Altar.

1521 Vor allem in den Reichsstädten setzt sich die Reformation durch.

1525 Die aufständischen Bauern werden bei Zabern vom Herzog von Lothringen besiegt.

1568 Die Gegenreformation entfaltet von Molsheim aus ihre Aktivitäten.

1618–48 Im Dreißigjährigen Krieg hat das Elsass vor allem unter den schwedischen Heeren zu leiden.

Im Ersten Weltkrieg kontrollieren deutsche Wachen Einwohner eines Vogesendorfes

Hungersnöte und Pestepidemien tun ein Übriges, um die Bevölkerung zu dezimieren.

Das französische Elsass

1648 Im Westfälischen Frieden werden weite Teile des Elsass – nicht aber z. B. Straßburg und Mülhausen – Frankreich zugesprochen.

1681 Auch Straßburg fällt an Frankreich.

1734 Andreas Silbermann, 1678 in Kleinbobritzsch im Erzgebirge geboren, Begründer der bedeutenden elsässischen Orgelbauer-Dynastie, stirbt in Straßburg.

1766 Das Herzogtum Oberlothringen kommt zu Frankreich, behält aber Sitz und Stimme im deutschen Immerwährenden Reichstag.

1789 Die Französische Revolution erstrebt die komplette Eingliederung des Elsass in den französischen Nationalstaat. Kulturell ergibt sich ein Bruch: Der französisch orientierten Oberschicht stehen die alemannisch geprägte Mittel- und Unterschicht gegenüber.

Konflikt und Versöhnung

1870/71 Im Deutsch-Französischen Krieg kommt das Elsass als Militärverwaltung, später als Teil des ›Reichslandes Elsass-Lothringen‹ zum Deutschen Reich. Der versprochene Status eines Bundeslandes wird dem El-

sass nicht gewährt. Dies und die ungeschickte Germanisierungspolitik der Deutschen stößt auf Widerstand in der Bevölkerung.

1875 Albert Schweitzer, Theologe, Musiker, Musikwissenschaftler, Arzt und Philanthrop, wird in Kaysersberg geboren.

1919 Nach blutigen Kämpfen im Ersten Weltkrieg kehrt das Elsass im Versailler Vertrag wieder zu Frankreich zurück. Die rigorose Unterdrückung landeseigener Traditionen setzt sich nun unter umgekehrten Vorzeichen fort. Planung der Maginot-Linie.

1931 Der heute in Irland lebende Schriftsteller und Karikaturist Tomi Ungerer wird in Straßburg geboren.

1940–45 Im Zweiten Weltkrieg besetzen deutsche Truppen Elsass-Lothringen und unterstellen es dem Gauleiter und Reichsstatthalter von Baden.

1940 Der 1883 geborene Journalist und Schriftsteller René Schickele, ein engagierter Vorkämpfer der kulturellen Annäherung von

Der an sich waldreiche Hartmannsweilerkopf in den Vogesen war im Ersten Weltkrieg besonders hart umkämpft

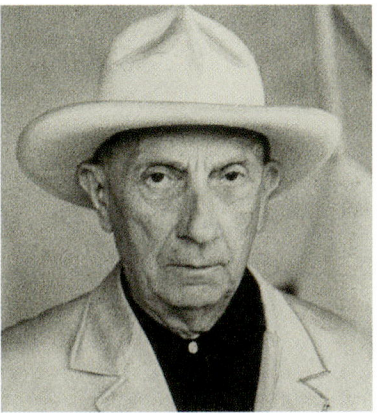

Tomi Ungerer, Meister der Realsatire

Hans Arp, Katholik mit Dada im Sinn

Frankreich und Deutschland, stirbt in der südfranzösischen Emigration.

1945 Elsass-Lothringen kommt wieder zu Frankreich, einzige Amtssprache ist Französisch.

1949 Straßburg wird Sitz des Europarats und bald darauf auch Tagungsort des Europäischen Parlaments.

1966 Der 1886 in Straßburg geborene Maler, Schriftsteller und Bildhauer Hans Arp, Mitbegründer der Dada-Bewegung, stirbt in Basel.

1972 An elsässischen Schulen wird auf fakultativer Basis die Zweisprachigkeit eingeführt. Initiativen zur Förderung elsässischen Volkstums, Dialektdichter und Liedermacher ›leben auf‹.

1973 Im Zuge der von Charles de Gaulle angeordneten Dezentralisierung wird die ›Région Alsace‹ geschaffen.

1976 Das Elsass erhält kulturelle Autonomie. Auf regionaler Ebene entstehen Länder übergreifende kulturelle und wirtschaftliche Arbeitsgemeinschaften.

1996 In Straßburg zieht der Europäische Hof der Menschenrechte in ein neues, größeres Gebäude um.

1998 Das Musée d'Art Moderne et Contemporain in Straßburg wird eröffnet.

1999 Im Juli wird das neue Europäische Parlament in Straßburg eröffnet.

2004 Im Juni verabschiedet der Europarat die Europäische Verfassung.

2005 Im Januar billigt das Europäische Parlament den Vertrag über eine Verfassung für Europa. Doch nicht alle Mitgliedstaaten ratifizieren ihn, sodass die Verfassung nicht in Kraft tritt.

2007 In Straßburg wird das Musée Tomi Ungerer in der Villa Greiner eröffnet.

2008 In Erstein bei Straßburg öffnet im Januar das Musée Würth seine Pforten.

2010 Bei den Regionalwahlen siegt in 21 Regionen die französische Linke. Einzige Ausnahme: das Elsass. Hier setzt sich Sarkozys konservative UMP durch.

Der moderne Glasbau des Europäischen Parlaments am Ufer der Ill in Straßburg

Der Blick auf Ribeauvillé zeigt die Weinstraße von einer ihrer malerischsten Seiten

Unterwegs

Naturpark der Nordvogesen –
Land der Burgen und Schlösser

Der Weg von Norden führt über die Pfälzische Weinstraße zur alten Klosterstadt Weißenburg, heute **Wissembourg**. Von Karlsruhe hingegen führt die Straße nach **Lauterbourg**, durch die Auen des Bienwaldes.

Westlich von Wissembourg beginnt das Gebiet des 1976 eingerichteten **Parc Régional des Vosges du Nord**, des Naturparks Nordvogesen. Bis nach Lothringen dehnt er sich mit gut 120 000 ha Fläche aus und geht im Norden nahtlos über in den deutschen Naturpark des Pfälzer Waldes. Im Süden markiert die Autobahn A4 unübersehbar sein Ende. Dazwischen erstrecken sich waldreiche Täler mit malerischen Dörfern und teils sanften, teils schroffen Höhen. Die stark erodierten **Sandsteinfelsen** der Nordvogesen erstaunen durch ihre bizarren Formen, die nicht selten von romantischen Überresten einer Burg oder eines Schlosses bekrönt werden.

1 Lauterbourg
Lauterburg

Blumengeschmücktes ›Tor nach Frankreich‹.

Das Städtchen an der Lauter empfängt den Reisenden mit farbenfrohem Blumenschmuck. ›Ville fleurie‹ nennt es sich stolz und ›Porte de France‹. In der Tat hat sich das repräsentative **Landauer Tor** von 1706 erhalten. Ansonsten steht von den ehem. Stadtbefestigungen nur noch der mittelalterliche **Metzgerturm**. Zweisprachige Schilder erzählen ausführlich von der Geschichte des Ortes seit der Römerzeit. Im liebevoll restaurierten Ortskern sind hübsche **Fachwerkhäuser** zu bewundern und adrette Bauten aus dem 18. Jh., etwa das **Rathaus** von 1731 oder die katholische **Dreifaltigkeitskirche**. Ihr Chor ist spätgotisch, ansonsten stammt sie von 1716 wie auch das ehem. **Palais** des Bischofs von Speyer, das unter Verwendung älterer Teile erbaut wurde und ein schönes Renaissanceportal besitzt.

ℹ Praktische Hinweise

Information

Office de Tourisme, Hôtel de Ville, Rue de la Ière Armeé, Lauterbourg,

Tel. 03 88 94 66 10, lauterbourg@tourisme-alsace.info

Restaurant

La Poêle d'Or, 35, Rue du Général Mittelhauser, Lauterbourg Tel. 03 88 94 84 16, www.poeledor.com. In stilvollem, gepflegtem Ambiente genießt der Gast feine elsässische Küche, kreativ umgesetzt (Mi und Do geschl.).

Die Vierung von St. Ulrich in Altenstadt schmücken Evangelistensymbole des 16. Jh.

Ruhig und friedlich liegt Wissembourg, hier mit St. Peter und Paul, am Flüsschen Lauter

2 Altenstadt

Römisches und romanisches Erbe.

Unmittelbar östlich vor Weißenburg auf der *Route Romane d'Alsace* lohnt ein gut ausgeschilderter, kurzer Abstecher nach Altenstadt. Ein gallo-römischer **Viergötterstein** (heute im Musée Westercamp in Wissembourg) deutet an, dass der Ort vorchristlichen Ursprungs ist.

Kunsthistorisch bedeutsam ist das dreischiffige basilikale Langhaus der **Kirche St. Ulrich** aus dem 11. Jh. Die Fenster der Seitenschiffe sind jüngeren Datums und die Holzdecke wurde erst 1957 nach romanischem Vorbild eingezogen. 1879 wurden Hauptapsis und Sakristei um- bzw. angebaut. Der Turm mit seiner tonnengewölbten Vorhalle stammt aus dem 12. Jh.

Man beachte die Unterschiede in der Mauertechnik und die gerade in ihrer rustikalen Unbeholfenheit beeindruckende gotische Kapelle im linken Querschiff (13. Jh.), aber auch das Netzgewölbe im Vierungsjoch mit seinen gemalten Evangelistenfiguren aus dem 16. Jh.

Die Orgel entstand 1764 in der Werkstatt des Orgelbaumeisters Johann Carl Baumann. 2001 wurde sie restauriert und modernisiert, jedoch ohne Beeinträchtigung ihres ursprünglichen Klangs.

ℹ Praktische Hinweise

Restaurant

Rôtisserie Belle-Vue, 1, rue Principale, Altenstadt, Tel. 03 88 94 02 30. Schönes Gartenlokal mit empfehlenswerter regionaltypischer Küche (So abends und Mo/Di geschl.).

3 Wissembourg
Weißenburg

TOP TIPP *Altehrwürdige Stadt der gelehrten Mönche.*

Weißenburgs wohl geordnetes Stadtbild mit seiner alles beherrschenden ehem. Klosterkirche hat viel von jener Schönheit bewahrt, die Merian in seinem Stich von 1663 festgehalten hat.

Geschichte Weißenburgs Anfänge gehen auf die Gründung einer Benediktinerabtei am Ufer der Lauter um 660 zurück, die sich im Mittelalter zu einem bedeutenden Zentrum der Gelehrsamkeit entwickelte. Im 9. Jh. verfasste hier der Mönch Otfried seine Evangelienharmonie, eine dichterisch ausgeschmückte Zusammenfassung und Nacherzählung der Evangelien, die zu den bedeutendsten Denkmälern der althochdeutschen Sprache zählt. 957 schloss sich der Konvent der Reform von Gorze an.

Die 1178 erstmals erwähnte Siedlung entwickelte sich östlich und südlich des Klosters, vier Burgen sicherten sie von den umliegenden Höhen aus. Im 14. Jh. wurde die freie Reichsstadt der Kurpfalz einverleibt, behielt aber wichtige Freiheiten. Nach dem Beitritt zur Dekapolis 1354 kam es zu Konflikten: 1469 wurde die Stadt von den Pfälzern belagert, 1525 von Kurpfalz und Kurtrier unterworfen. Die Abtei, bereits 1524 in ein Kollegiatsstift umgewandelt, unterstand fortan dem Bischof von Speyer.

Im Westfälischen Frieden 1648 wurde die Stadt Frankreich zugesprochen und gehörte im 18. Jh. vorübergehend sogar zu Österreich. Sowohl 1870 als auch 1944 war Weißenburg in heftige Kämpfe verwickelt. Nachdem die Alliierten die Stadt eigentlich schon befreit hatten, wurde die Stadt nochmals von deutschen Truppen besetzt und daraufhin von den Amerikanern beschossen.

Besichtigung   Die 1248 geweihte, ehem. Abteikirche **St-Pierre-et-St-Paul** ist im Wesentlichen ein Bauwerk im gotischen Stil. Sie wurde als Pfeilerbasilika samt Querschiff und achteckigem Vierungsturm ausgeführt. Vom Vorgängerbau aus dem 11. Jh. blieb allein der viereckige Westturm erhalten.

Man muss sich die Kirche innen ursprünglich ganz und gar ausgemalt vorstellen. Von der Einrichtung sind vor allem das monumentale Wandbild des *hl. Christophorus* und die anmutige *Madonna* aus dem 15. Jh. an der Wand des südlichen Seitenschiffs bemerkenswert. Ansonsten gibt es sehr schöne *Buntglasfenster* aus dem 14. Jh. und Reste von *Wandmalerei*. Außerdem sollte man einen Blick auf die Reste des nie vollendeten *Kreuzgangs* im Norden der Kirche werfen.

Eine zweite Kirche, **St-Jean**, verdient ebenfalls einen Besuch. Vierung und

Erhabene Heiterkeit strahlt der unvollendete gotische Kreuzgang von St-Pierre-et-St-Paul aus

Von den Jahrhunderten gebeugt, doch das Salzhaus trotzt noch immer dem Zahn der Zeit

Turm sind noch romanisch, alles andere entstand in spätgotischer Zeit. Auch hier sind Reste von *Wandmalereien* (15. Jh.) zu bewundern, außerdem eine schöne, um 1600 entstandene Kanzel sowie eine von Konrad Mühleisen 1959–61 erbaute *Orgel*. Bei deren Bau wurden Teile der im Krieg zerstörten Andreas Silbermann-Orgel aus dem 18. Jh. verwendet.

Die qualitätvollen neuen Fenster stammen von Gérard Lardeur aus Paris.

St-Jean war die ursprüngliche Pfarrkirche der Stadt und dient seit 1522 mit einigen Unterbrechungen dem evangelischen Bekenntnis.

1725 wurde in St-Jean die *Hochzeit* des erst 15-jährigen Ludwigs XV. von Frankreich mit Maria Leszczynska proklamiert. Maria war die Tochter des entthronten polnischen Königs Stanislaus, der 1720–25 im ehem. **Hôtel Weber**, dem ›Alten Hospital‹ in der Rue Stanislas, wohnte. Das um 1700 erbaute Gebäude steht gegenüber der **Zehntscheune** von 1584.

In Wissembourg gibt es noch viele reizende Häuser und Gassen zu entdecken. Stimmungsvoll ist vor allem das **Quartier du Bruch** (*s'Bruch* = Sumpf) im Westen, die alte Vorstadt der Hirten und Winzer in der Nähe der Klostermauern und der Wallanlagen der Stadtbefestigung.

Die wichtigsten Bauwerke stammen aus zwei denkbar unterschiedlichen Epochen: Zum einen aus dem 15./16. Jh., wie das an der ›Salzbrücke‹ über der Lauter

gelegene ehem. **Salzhaus** mit seinem mächtigen Speicherdach, zum anderen aus dem ›französischen‹ 18. Jh., wie das **Rathaus** (1741–52) oder das ehem. *Dekaneigebäude* hinter der Klosterkirche (1784), seit 1825 Sitz der *Sous-Préfecture* des Départements Bas-Rhin.

Über die Wechselbäder der Geschichte und den Alltag in Weißenburgs Vergangenheit informiert anhand von Möbeln, Trachten, Waffen, Lithografien sowie römischen Ausgrabungsfunden das **Musée Westercamp** (3, rue du Musée, Tel. 03 88 54 28 14, wegen Renovierung bis auf Weiteres geschlossen). Das Museum verdient jedoch allein schon wegen des Fachwerkhauses (16. Jh.) mit seinem herrlichen Schnitzwerk Aufmerksamkeit.

TOP TIPP Wissembourg ist die nördlichste Stadt an der elsässischen **Route Romane**. Informationen und Prospekte über diese ›Straße der Romanik‹, die elsässische Orte mit bedeutenden Bauten und Kunstwerken der romanischen Epoche erschließt, sind erhältlich beim Comité Régional du Tourisme d'Alsace (Tel. 03 89 24 73 50, www.tourisme-alsace.com).

ℹ Praktische Hinweise

Information

Office de Tourisme, 9, place de la République, Wissembourg, Tel. 03 88 94 10 11, www.ot-wissembourg.fr

Das spätgotische Relief an der Außenmauer der Zehntscheune zeigt den gelehrten Benediktinermönch Otfried

Hotels

Hostellerie au Cygne, 3, rue du Sel, Wissembourg, Tel. 03 88 94 00 16, www.hostellerie-cygne.com. Gut geführtes, zentrales Hotel mit Flair, schönem Garten und guter Küche (Mi, Do mittag, So abend geschl.).

Hotel d'Alsace, 16, rue Vauban, Wissembourg, Tel. 03 88 94 98 43, www.hotel-alsace.fr. Preisgünstiges Hotel in Bahnhofsnähe.

Restaurant

L'Ange, 2, rue de la République, Wissembourg, Tel. 03 88 94 12 11, www.restaurant-ange.com. Malerisch an der Lauter gelegenes historisches Lokal mit Garten (Mo/Di geschl.).

4 Lembach

Fachwerkidylle neben Erinnerungen an einen fürchterlichen Krieg.

Wer der landschaftlich reizvollen D3 von Wissembourg nach Westen folgt, kann sich in **Climbach** die verwunschenen Ruinen einer **Einsiedelei** ansehen, deren Bogen nicht, wie die Beschriftung behauptet, aus dem 12., sondern aus dem 14. Jh. stammt. In Climbach wie im etwas weiter westlichen Lembach gibt es prächtige **Fachwerkhäuser** zu sehen.

Das geschäftige Lembach bietet sich für eine **gastronomische Ruhepause** an. Das 1800-Seelen-Dorf war schon in der Römerzeit ein ›vicus‹, ein ›Flecken‹ (vgl. ›Fleckenstein‹) an alten Handelsstraßen. Das römische Straßenkreuz gibt es nach wie vor und man merkt dem einst mächtigen Ort auch heute noch etwas von seiner früheren Bedeutung an, auch wenn er seit dem Hochmittelalter vom aufblühenden Weißenburg mehr und mehr in den Schatten gedrängt wurde.

Die evangelische **Kirche** von Lembach rühmt sich eines Portals aus dem 13. Jh. und vor allem einer bemerkenswerten steinernen *Kanzel*. Sie ist mitsamt dem sie stützenden Baum aus einem einzigen Stück Vogesen-Sandstein gehauen.

Bekannter aber ist Lembach als Ausgangspunkt zu dem nahe gelegenen **Four à Chaux** (www.lignemaginot.fr, Führungen Mai–Sept. tgl. 10.30, 14, 15, 16 Uhr, Ende März–April/Okt. tgl. 14, 15, Nov–25. März Sa/So 14.30 Uhr; Achtung: Innentemperatur 13 °C). Dieses etwa 1 km entfernt an der D27 in Richtung Woerth gelegene, gut erhaltene Bunkergelände namens ›Kalkofen‹ mit seinen sechs Kampfblöcken war im Zweiten Weltkrieg ein Teil der Maginot-Linie.

i Praktische Hinweise

Information

Office de Tourisme Intercommunal Sauer-Pechelbronn, 1, rue de l'Obermatt, Durrenbach, Tel. 03 88 90 77 50, www.tourisme-nordalsace.fr

Office de Tourisme, 23, route de Bitche, Lembach, Tel. 03 88 94 43 16, www.ot-lembach.com

Hotel

Au Cheval Blanc, 2, rue de Bitche, Climbach, Tel. 03 88 94 41 95, www.chevalblanc-climbach.com. Gepflegtes Hotel mit 12 Zimmern, vorzügliche Küche.

Restaurant

TOP TIPP **Auberge du Cheval Blanc**, 4, rue de Wissembourg, Lembach, Tel. 03 88 94 41 86, www.au-cheval-blanc.fr. Eines der besten Restaurants weit und breit mit entsprechenden Preisen, stimmungsvoll eingerichtet in einer ehem. Poststation (Mo, Di und Fr mittag geschl.).

5 Château de Fleckenstein

TOP TIPP *Wuchtiges Felsenschloss im Dreiländereck.*

Wo der Steinbach in die Sauer mündet, liegt ein beliebtes *Ausflugsziel*, ein künstlich im Wald angelegter Weiher. Man kann hier einkehren, schwimmen oder Boot fahren, der Blick aber öffnet sich weit ins Tal der Sauer hinauf zu einem mächtig aufragenden roten Sandsteinblock mit den Mauern des **Château de Fleckenstein** (Tel. 03 88 94 28 52, www.fleckenstein.fr, Juli/Aug. tgl. 10–18 Uhr, Jan.–Mitte März So 12–16 Uhr, in der übrigen Zeit tgl. 10–17.30 Uhr). Zweifellos ist es nicht nur eine der imponierendsten Burgruinen der Nordvogesen, sondern eines der bemerkenswertesten Denkmäler mittelalterlicher Festungsbaukunst.

Bei genauerer Betrachtung zeigt sich, dass Burg Fleckenstein, um das Jahr 1000 errichtet, nicht lediglich auf, sondern zu einem Großteil in den 370 m hohen Fels gebaut wurde. Noch vor 40 Jahren wie ein Dornröschenschloss hinter Gestrüpp und Geröll verborgen, wurde die Ruine der 1680 von den Franzosen abgebrannten Burg in den 1960er-Jahren renoviert und zugänglich gemacht. Eine Autostraße führt vom Sauertal zum **Parkplatz** am Fuß des Felsenschlosses. Die Burg und ihre Umgebung lassen sich auf einem Rätselparcour, der kleine und große Besucher rund 2,5 Stunden auf Trab hält, spielerisch entdecken.

Im ehem. *Burghof* trifft man allenthalben auf Spuren einstiger Gebäude – Stallungen, Vorratsräume, Unterkünfte für Knechte und Handwerker. Die *Wohnung der Herrschaft* befand sich hingegen in dem mächtig aufragenden, 40 m hohen Felsblock, der von der Vorburg durch einen Graben getrennt und seit dem 15. Jh. durch einen **Treppenturm** mit Zugbrücke zugänglich war. Der heutige Besucher benutzt ältere Wege und betritt die Burg durch einen in den Felsen gehauenen, einst geheimen Treppentunnel, der parallel zum ›offiziellen‹ Aufgang verläuft.

Quasi als gebaute Verlängerung des mächtigen Sandsteinfelsens ragen die Überreste von Burg Fleckenstein trutzig in den blauen Elsässer Himmel

Im Inneren sind ›Rittersaal‹ und Burgkapelle zu identifizieren, die Brunnenkammer und der Raum mit dem Rad für den Lastenaufzug.

Schon rein technisch ist die Anlage in höchstem Maße bewundernswert, und großartig ist auch der Ausblick von oben, weit hinaus ins **Dreiländereck** Lothringen, Elsass und Pfalz. Man erkennt den Löwenstein, die Hohenburg und die bereits jenseits der heutigen Grenze liegende Wegelnburg. Vom Parkplatz bei Fleckenstein aus können alle diese Burgen im Rahmen der ca. zweistündigen **Tour des Quatre Châteaux Forts** (Vierburgenwanderung) erkundet werden.

ℹ **Praktische Hinweise**

Restaurant

Gimbelhof, beim Parkplatz am Fuß des Fleckenstein, Tel. 03 88 94 43 58, www.gimbelhof.com. Malerisch in unmittelbarer Nähe der Burg gelegener, beliebter und preisgünstiger Ausflugsgasthof mit regionaler Küche und einigen Fremdenzimmern (Mo/Di geschl.).

6 Steinbachtal

Von Minnesängern und Raubrittern.

Im weiteren Verlauf der D3 gibt es im Steinbachtal einige hübsche Orte zu ent-

Noch als Ruine Furcht einflößend präsentiert sich der Wohnturm von Burg Wasigenstein

decken, vor allem aber etliche interessante **Burgen**. Sie sind zumeist nur zu Fuß erreichbar, doch liegen sie allesamt nicht weit von der Straße entfernt und der Zugang ist nicht allzu beschwerlich. Bei dieser Gelegenheit sei daran erinnert, dass der Naturpark ein ideales, mit ausgezeichneten Markierungen versehenes **Wandergebiet** ist.

Lohnend ist der Aufstieg zu den Ruinen Wasigenstein, Froensburg, Wineck, Schoeneck und Lützelhardt sowie, etwas weiter im Süden, Windstein und Falkenstein. Die Burgen wurden in teils schwindelerregender Höhe auf bizarren **Felsklippen** errichtet. Einzelne Räume wurden aus dem Felsen ausgehöhlt, andere durch Mauerwerk diesem aufgesetzt oder schwalbennestartig ›angeklebt‹.

Wasigenstein

Die **Doppelburg** nördlich von Obersteinbach erhebt sich auf gemeinsamem Felssockel als zwei durch einen Graben getrennte Festungen. Grund dafür war eine Erbteilung. Die ältere Anlage stammt aus dem frühen, die jüngere aus dem späten 13. Jh. Steile, in den Fels gehauene Treppen erschließen den Zugang. Hier soll sich nach dem *Waltharilied* in Anwesenheit Brunhildes das Duell zwischen Walther und Gunther abgespielt haben.

Châteaux de Windstein

Die Ruinen der Burg **Alt-Windstein** erreicht man von Obersteinbach aus auf der D53 Richtung Niederbronn. Sie erheben sich halsbrecherisch auf drei Felsenklippen. Die nur noch rudimentär erhaltene Anlage geht auf das 13. Jh. zurück und wurde 1332 in gemeinsamer Anstrengung vom Bischof von Straßburg und von der Stadt Hagenau zerstört. Man wollte ein für alle Mal den *räuberischen Rittern* das Handwerk legen, die von hier aus das Land unsicher machten.

Neu-Windstein, 10 Gehminuten südlich, wirkt weniger ›gefährlich‹. Die 1334 erbaute Burg zeigt qualitätvolle architektonische Details, einen polygonalen Turm und schöne gotische Fenster.

ℹ **Praktische Hinweise**

Hotel

Au Cheval Blanc, 11, rue Principale, Niedersteinbach, Tel. 03 88 09 55 31, www.hotel-cheval-blanc.fr. Historischer Gasthof mit Garten und vorzüglicher regionaler Küche (Do geschl.).

Von der alten Burg Windstein aus liegt dem Wanderer das Tal des Steinbachs zu Füßen

Restaurant

Anthon, 40, rue Principale, Obersteinbach, Tel. 03 88 09 55 01, www.restaurant-anthon.fr. Feinschmeckerlokal mit schönem Garten; auch einige Gästezimmer (Di, Mi und Jan. geschl.).

Bei Zipperlein empfehlen sich die Thermen, bei Spiellust das Kasino in Niederbronn

7 Niederbronn-les-Bains

Heilkräftige Quellen, eine Spielbank und die herrliche Umgebung sorgen für steten Besucherstrom.

Folgt man von Lembach aus dem Tal der Sauer nach Süden, so gelangt man am östlichen Gebirgsrand zum Bäderstädtchen Niederbronn-les-Bains.

In den warmen, waldumgebenen Thermalquellen suchten bereits die Römer Linderung von Rheumabeschwerden, was die Funde von entsprechenden Opfermünzen in den gefassten Quellen belegen. So liegt auch ein Schwerpunkt der **Maison de l'Archéologie des Vosges du Nord** (44, avenue Foch, Tel. 03 88 80 36 37, März–Okt. Mi–Mo 14–18 Uhr, Nov.–Febr. So 14–17 Uhr) auf vorrömischen und römischen Ausgrabungsfunden der Region. Daneben ist eine Sammlung von *Öfen* interessant, die traditionellerweise in Niederbronn hergestellt werden.

Auch ohne selbst Kurgast zu sein, kann man aus einem Trinkbrunnen vor der zentral gelegenen *Spielbank* einen Schluck aus der **Römerquelle** versuchen. Dass schon vor den Römern die Bewohner der

---

Der Buchsweiler Weiberkrieg

Im Jahr 1480 war das Geschlecht der Lichtenberger in direkter Linie ausgestorben. Die beiden letzten Regenten waren die Brüder Jakob und Ludwig. Der Witwer **Jakob** verliebte sich in seine Magd, die charmante und kecke **Bärbel von Ottenheim**. Dies führte jedoch zu Streitigkeiten mit dem Bruder, später zum ›Buchsweiler Weiberkrieg‹ [s. S. 45] und schließlich zu einem bösen Ende: Der Graf hatte, angestachelt von seiner Geliebten, ihm untertänige Bürger um Geld erpresst. Das wollten sich deren **Frauen** nicht gefallen lassen. Sie verbündeten sich also mit dem Bruder, dem es ebenso darum ging, die ›Ordnung wieder herzustellen‹, wie die unliebsame Rivalin im Kampf um das brüderliche Erbe auszuschalten. Bärbel wurde schließlich verjagt, nach dem Tod ihres Liebhabers und in den Kerker geworfen und 1481 in Haguenau als Hexe verbrannt. Nach einer anderen Überlieferung hat sie selbst ihrem Leben ein Ende bereitet.

Der große spätgotische Bildhauer **Nikolaus Gerhaert van Leyden** soll die beiden abgebildet haben. Aber die ursprünglich zusammengehörenden Büsten, die sich heute in den Museen Liebighaus, Frankfurt, und Frauenhaus, Straßburg, befinden, könnten ebensogut einen Propheten und eine Sibylle darstellen wie jenes legendäre Liebespaar.

Gegend die heilsame Kraft des Wassers zu schätzen wussten, lässt der Name **Keltenquelle** vermuten. Das kalte Quellwasser sprudelt am nördlichen Stadtrand und soll bei Übergewicht und Nierenkrankheiten helfen.

Château de Wasenbourg

Bemerkenswerter als dieser seltsam heterogene – halb dörfliche, halb mondäne Ort – ist die nahe *Wasenburg*, erreichbar über die D28 und die Waldstraße.

Eine mächtige Schildmauer, die zugleich als Donjon diente, beherrscht den im 14. Jh. erstmals urkundlich erwähnten Bau. Die Wand des Palas zeigt auffallend schöne *Details*: Neun lanzettförmige Fenster mit sieben darüber angeordneten Rosen vermitteln einen schlossartigen, weit weniger trutzigen als vielmehr höfisch-eleganten Eindruck. Im Burgbereich wurden Reste eines römischen Postens und eines Merkurtempels gefunden, deren heutige Präsentationsweise freilich nichts mehr mit dem ursprünglichen Zustand zu tun hat.

Gut markierte **Wanderwege** führen von hier durch ausgedehnte Wälder, vorbei an eindrucksvollen Sandsteinformationen (›L'Hexenplätzl‹), dem auf gewaltiger Felsenplatte errichteten *Château Arnsbourg* und über das Zinseltal hinweg nach Lichtenberg.

ℹ️ Praktische Hinweise

Information

Office de Tourisme, 6, place de l'Hôtel de Ville, Niederbronn-les-Bains, Tel. 03 88 80 89 70, www.niederbronn.com

---

8 Lichtenberg

Bollwerk mit prachtvoller Aussicht.

Die mächtige **Burg** dominiert den kleinen, mit ihr auf gleicher Höhe gelegenen Ort. Sie ist schon von weitem zu sehen und umgekehrt genießt man von ihr aus einen grandiosen **Ausblick** nach Osten auf die Rheinebene.

Zwiebelartig legte die Zeit Schale um Schale um den mittelalterlichen Kern: Zentrum der trutzigen Anlage, deren Größe auf eines der mächtigsten Geschlechter im Elsass verweist, ist der breit angelegte, einst bewohnbare *Bergfried* aus dem 13. Jh.

Noch als Ruine beherrscht Burg Lichtenberg stolz und mächtig die Gegend

Von der *Burgkapelle* des 15. Jh. steht nur noch der Chor. Die Kapelle enthält Grabsteine der Familie Lichtenberg, die 1209 erstmals erwähnt wurde und drei Straßburger *Fürstbischöfe* hervorbrachte. Einer von ihnen, Konrad von Lichtenberg, baute das um 1200 gegründete Schloss aus. Unter der durch Heirat entstandenen Linie derer von Hanau-Lichtenberg wurde die Burg umgebaut, komfortablere Wohnbereiche entstanden. 1570–80 umgab der Straßburger Architekt *Daniel Specklin* das Ganze mit Bastionen und nahm es als Beispiel einer modernen Befestigungsanlage in sein Standardwerk ›Architectura von Festungen‹ auf. Das schöne Renaissance-Portal ist von 1586.

1677 besetzten die Franzosen Burg Lichtenberg, die Anlagen Specklins wurden von *Vauban* ergänzt und erweitert. Eine kleine Garnison, die später dort untergebracht war, ergab sich 1870 den Württembergern.

Auch das 20. Jh. hat etwas beigetragen: Ein kühner und doch einfühlsamer **Anbau** der Architekten Andréa Bruno und Jean-Pierre Laubal mit Yann Kersalé macht die Burg seit 1997 für kulturelle Veranstaltungen nutzbar.

ℹ Praktische Hinweise

Information

Château de Lichtenberg (Tel. 03 88 89 98 72, www.chateaudelichten berg.com, Juni–Aug. Mo 13.30–18 Uhr, Di–So 10–18 Uhr; April/Mai, Sept./Okt. Mo 13.30–18 Uhr, Di–Sa 10–12 und 13.30–18 Uhr, So/Fei 10–18 Uhr; März, Nov. Di–So 13–16 Uhr)

Hotel

Au Soleil, 2, place de l'Église, Lichtenberg, Tel. 03 88 89 96 13. Angenehmer, preisgünstiger Gasthof mit Restaurant (Mi geschl.).

9 La Petite-Pierre
Lützelstein

Wohnen auf und in den Felsen.

Wanderwege führen im westlichen Teil des Gebirges in den Süden der Nordvogesen, dorthin, wo das Bergland schmal wird, und nicht nur die Straße, sondern auch der *Canal de la Marne au Rhin* die Gelegenheit nutzen zum Durchbruch nach Lothringen. Wenig nördlich liegt die Felsenfestung **La Petite-Pierre** – zu deutsch Lützelstein (›kleiner Fels‹).

Auf einem lang gezogenen Bergrücken, inmitten ausgedehnter Wälder, erhebt sich die gut erhaltene **Oberstadt**. Zeugnisse ausgedehnter Befestigungsanlagen – die Burg des 12. Jh. und die ihr vorgelagerten, das Städtchen umfassenden Bollwerke des 17. Jh. – bestimmen noch bis heute das Bild.

Der Weg hinauf zur Burg führt an schönen Häusern, vornehmlich des 18. Jh., vorbei. Bemerkenswert sind unten im Tal die **Maison des Païens** (Heidenhaus), eine noble Renaissance-Architektur von 1530, und auf dem Bergrücken die **Église de l'Assomption** (tgl. 8–18 Uhr). Ihr Chor,

Herrliche Wanderziele, wie hier der Rocher du Corbeau, gibt es viele in der waldreichen Umgebung von La Petite-Pierre

Graf Burkhard von Lützelstein ließ ihn 1417 erbauen, birgt qualitätvolle, erst 1864 wieder entdeckte *Malereien* aus der Zeit um 1420. Die Abfolge ergibt einen ikonographisch stimmigen Abriss der Heilsgeschichte. Einige schöne *Renaissance-Grabmäler* wurden zur Zeit der Französischen Revolution leider arg in Mitleidenschaft gezogen.

Vor dem Rathaus informiert eine Karte über die vielen schönen **Wanderwege** der Region. Herren über das Land waren die Grafen von Lützelstein. Das Geschlecht starb aber 1460 aus, die auf das 12. Jh. zurückgehende Burg wurde 1452 zerstört. Erhalten blieb allein ein Rest des fünfeckigen Turms. Anstelle der Burg erbaute Pfalzgraf Georg Johann von Veldenz (›Jerry-Hans‹, 1543–1592) das heutige **Schloss** (Tel. 03 88 01 49 59, tgl. 10–12, 14–18 Uhr, Jan. geschl.). Die Räume sind der Geschichte des Schlosses gewidmet, beherbergen aber auch die Ausstellung *L'Aventure des Vosges du Nord*, die über Flora, Fauna und Geologie der Nordvogesen informiert. Denn das Schloss ist heute Verwaltungssitz des Naturparks Nordvogesen. Unweit davon befindet sich in einem ehem. Munitionslager des 16. Jh. das **Musée du Springerle – Musée des Arts et Traditions Populaires** (11, rue des Remparts, Tel. 03 88 70 48 65, Juli–Sept. Di–So 10–12 und 14–18 Uhr, sonst Sa/So/Fei 10–12, 14–18 Uhr, Jan. geschl.). Es befasst sich mit Volkskunst und Brauchtum, originell ist die Sammlung alter ›Springerle‹-Backformen, einem traditionellen Weihnachtsgebäck. Einmalig in Europa ist das **Musée du Sceau Alsacien** (Tel. 03 88 70 48 65, Öffnungszeiten wie oben) in der angrenzenden Kapelle St-Louis, das über 2000 Siegel ausstellt.

Graufthal

Das 12 km südwestlich, im Tal der Zinsel gelegene Graufthal erreicht man über die D178 und D122 (rechts abbiegen!). Ein Abstecher lohnt wegen der eigenartigen **Maisons des Rochers** (rue des Fontaines, Tel. 03 88 70 19 59, Mi–Sa 10–12 Uhr, So/Fei 14–18.30 Uhr,). Die dort in den Sandstein gehauenen Höhlenwohnungen waren noch bis 1958 bewohnt.

i Praktische Hinweise

Information
Office de Tourisme, 2 a, Rue du Château, La Petite-Pierre, Tel. 03 88 70 42 30, www.ot-paysdelapetitepierre.com

Auf hohem Bergrücken erhebt sich das Schloss von La Petite-Pierre

Hotel

Vieux Moulin, 7, rue du Vieux Moulin, Graufthal, Tel. 03 88 70 17 28. Angenehme Unterkunft in einer alten Mühle mit stimmungsvoller Gartenwirtschaft (Restaurant Mo abend geschl.).

10 Alsace Bossue
Krummes Elsass

Römer und Hugenotten hinterließen ihre Spuren.

Den nördlichen Vogesen ist nach Lothringen hin ein Hügelland vorgelagert, das von der Saar durchflossen und seiner buckligen Struktur wegen Alsace Bossue, Krummes Elsass, genannt wird.

Wichtigster Ort in dieser wenig besuchten, jedoch landschaftlich durchaus reizvollen Gegend ist das im Kern sehr pittoreske **Sarre-Union**. Der Name leitet sich von der 1794 vollzogenen Vereinigung des 1766 an Frankreich gekommenen, vorher lothringischen **Bockenheim** mit dem 1707 neu und entsprechend regelmäßig angelegten **Neu-Saarwerden** ab. Neu-Saarwerden ist eine Gründung der Fürsten von Nassau für Hugenotten, die nach dem 1685 von Ludwig XIV. verfügten Aufhebung des Ediktes von Nantes, das ihnen 1598 Glaubensfreiheit garantiert hatte, ihre Heimat verließen.

Die beiden *evangelischen Kirchen* stammen aus den Jahren 1712 und etwa 1720. Naturgemäß älter ist dagegen die **katholische Kirche** in der Altstadt. Die spätgotische, dreischiffige Basilika kann mit sehenswerten Ausstattungsstücken aus dem 16.–18. Jh. aufwarten, darunter einer steinernen Kanzel, einem Orgelprospekt von 1717 und auf dem rechten Seitenaltar einer Muttergottes vom Beginn des 16. Jh.

Interessante Dorfkirchen gibt es u. a. in **Waldhambach**, mit Wehrturm und Schiff von 1766, sowie in **Sarrewerden**. Hier ist die ehem. Stiftskirche *St. Blasius* von 1481 mit Herrschaftsloge und einer Steinkanzel von 1556 ausgestattet. Als eine der schönsten ihrer Art gilt die ehem. **Wehrkirche** aus dem 14. Jh. in **Domfessel**. In die Pfeiler der dreischiffigen Basilika sind Tierfiguren gemeißelt. Die zahlreichen *Wandeinbuchtungen* wurden als Sitzplätze, Wasserbecken oder Kleinstkapellen angelegt. Gleichfalls bemerkenswert sind die Reste der Friedhofsbefestigungen aus dem 15. Jh.

In **Mackwiller** wurden bei Grabungen eine römische Villa sowie ein Mithras-Heiligtum gefunden. Der Ort war schon in der Antike ein *Heilbad*. Die 1842 erbaute Kirche ruht auf Quadersteinen, die von römischen Gebäuden stammen.

ℹ️ **Praktische Hinweise**

Restaurant

Windhof, route de Strasbourg, Burbach, ca. 10 km von Sarre-Union, Tel. 03 88 01 72 35. Gepflegter Landgasthof (So abend, Mo, Di abend geschl.).

Haguenau und Umgebung – Schönheiten der Rheinebene

Die alte Reichsstadt Hagenau, französisch Haguenau, liegt dominierend inmitten der Zaberner Senke. Die umliegende Region kennt man als **Hanauer Land**, das sich noch weit nach Westen bis an den Rand der Vogesen hinzieht. Benannt ist dieses wohlhabende, fruchtbare **Bauernland** mit seinen charakteristischen Hopfenkulturen und den schmucken Fachwerkhäusern nach den rechts- und linksrheinischen Besitztümern der mächtigen Grafen von Hanau-Lichtenberg.

Zu deren Territorium gehörten allerdings die Reichsstadt selbst und der ihr im Norden halbkreisförmig vorgelagerte ›Heilige Forst‹ nicht. Diese Bezeichnung **Forêt Sainte** geht auf die Legende zurück, der hl. Arbogast habe im 6. Jh. in dem dichten, dunklen Forst als Einsiedler gehaust. Heute ist der nach wie vor prächtige Mischwald von einem dichten Netz an **Wanderwegen** durchzogen.

11 Brumath

Von Fachwerkhäusern und einstigen Schlössern.

Brumath war durch seine erhöhte Lage vor den Hochwassern der Zorn geschützt. Das mag mit ein Grund sein, warum der Ort zu den ältesten Siedlungen im Elsass gehört und wahrscheinlich bereits in neolithischer Zeit entstand. In römischer Zeit war *Brocomagus* ein wichtiger Verkehrsknotenpunkt. Die Archäologen konnten Thermen, Tempel und ein Mithras-Heiligtum nachweisen.

Von den beiden **Schlössern** des 14. Jh., von denen eines den Leiningern, das andere den Lichtenbergern gehörte, ist nur das Hauptgebäude des Letzteren, im 18. Jh. wieder aufgebauten, erhalten geblieben. Hier hielt, gar nicht klösterlich bescheiden, 1740–82 die Äbtissin von Remiremont, Christine von Sachsen, Hof. Die Seitenflügel des Schlosses wurden in der Revolution zerstört, das Haupthaus 1804 zur Kirche umgestaltet.

Bischwiller/Bischweiler

Das kleine Bischwiller, etwa 14 km nordöstlich, bietet besonders schöne Beispiele für das landestypische **Fachwerk**. Eindrucksvolle Bauernhäuser mit hölzernen Galerien in den Innenhöfen und Vordächern an der Giebelseite, unter denen Mais und Tabak getrocknet werden konnten, bilden zusammenhängende Straßenzüge. Das Alte Rathaus und die ehem. Hofapotheke stammen aus dem 17. Jh., die Kirche aus dem 18. Jh.

ℹ Praktische Hinweise

Hotel

L'Écrevisse, 4, av. de Strasbourg, Brumath, Tel. 03 88 51 11 08, www.hostellerie-ecrevisse.com. Feines Hotel mit herausragendem Restaurant, dessen Spezialität Krebse sind (So abend geschl.).

12 Sessenheim
Sesenheim

Der Student und die Pfarrerstochter.

Noch ausgesprochen lebendig ist die Erinnerung an die junge Liebe des 21-jährigen Goethe zu **Friederike Brion**, der Tochter des Pastors von Sesenheim. Goethe, damals Student in Straßburg, besuchte die 18-Jährige häufig und gern im Pfarrhaus. Später schrieb er über diese

In liebenswerter Bescheidenheit erinnert das Goethemuseum an die Anfänge des großen deutschen Dichterfürsten

frühe, zarte Beziehung: »Sie hat mich geliebt, schöner als ich's verdiente«. Die *Auberge ›Au bœuf‹* in der rue de l'Église bewahrt in einem kleinen **Goethemuseum** (Mo/Di geschl.) einige Erinnerungsstücke an die Romanze jener Jahre (1770/

Figuren, Töpfe, Tassen – in Soufflenheim dreht sich alles um die traditionelle Töpferei

71). In der **protestantischen Kirche** – vom ursprünglichen Bau sind nur noch Turm und Chor (heute Sakristei) erhalten, alles andere ist Resultat einer Erweiterung von 1911/12 – ist noch der Pfarrstuhl zu sehen, in dem die beiden Liebenden, den Blicken der Gemeinde verborgen, der Predigt lauschten.

Als Rest des ehem. Pfarrhauses ist die ›Goethescheuer‹ übrig geblieben. Es gibt auch eine ›Friederike-Linde‹ und im napoleonischen Wachhaus *Corps de garde* wurde eine kleine **Goethe-Gedenkstätte** (*Mémorial*, tgl. 9–18 Uhr) eingerichtet.

Soufflenheim

Das Nachbardorf Soufflenheim, unmittelbar am südöstlichen Rand des großen *Forêt du Haguenau* gelegen, ist berühmt geworden durch seine typische **Bauernkeramik** mit charakteristischem Blumenmuster auf einfarbigem Grund. In jedem ungeraden Jahr feiert Soufflenheim im September die **Fête de la Poterie**. Bei der Ausrichtung dieses ›Töpferfestes‹ wechselt man sich mit *Betschdorf* ab, der rund 10 km nördlich gelegenen, zweiten Hochburg der traditionellen Töpferei im Elsass.

ℹ Praktische Hinweise

Information

Office de Tourisme, 20 b, Grand' Rue, Soufflenheim, Tel. 03 88 86 74 90, www.ot-soufflenheim.fr

Restaurant

A l'Agneau, 11, route de Strasbourg, Sessenheim, Tel. 03 88 86 95 55. An der D468 gelegenes, beliebtes Ausflugslokal mit schönem Garten und elsässischen Spezialitäten (Mo und Di geschl.).

13 Seltz

Glanzvolle Vergangenheit – vom Winde verweht.

Direkt an der französisch-deutschen Grenze liegt das 2200-Seelen-Städtchen Seltz. Es hat seinen Namen von dem unter Kaiser Claudius angelegten Lager *Saletio*.

Erhalten ist davon allerdings ebenso wenig wie von der Benediktinerabtei, die um 990 von **Kaiserin Adelheid** (ca. 931–999), der Witwe Ottos I., gegründet und 996 geweiht wurde. Die Kaiserin wurde hier begraben, doch erinnert nur noch das 1901 von August Revé geschaffene Denkmal an sie.

Auch die Pfarrkirche **St-Etienne** wurde zu großen Teilen beschädigt, allerdings erst im Zweiten Weltkrieg. Der spätgotische Chor mit dem Hochaltar von 1720 wurde in den Neubau von 1954–58 einbezogen. Eine erhaltene Kapelle aus dem Jahr 1520 wurde im Nachhinein Kaiserin Adelheid gewidmet.

i Praktische Hinweise

Information

Office de Tourisme, 2, av. du Général Schneider, Seltz, Tel. 03 88 05 59 79, www.ot–seltz.fr

Restaurant

Auberge de la Forêt, 42, route de Strasbourg, Seitz, Tel. 03 88 86 50 45. Gute, landestypische Küche, ›Winstub‹ (geschl. Mo, Mi abend, Sa mittag, So abend).

14 Surbourg und Walbourg

Zwei beeindruckende Zeugnisse benediktinischer Baukunst trotzten den Zerstörungen.

Wer von Wissembourg direkt nach Haguenau fährt, sollte in dem hübschen Fachwerkdorf *Hunspach* einen ersten kleinen Halt einlegen. Auf jeden Fall lohnt sich nach weiteren 11 km südwärts der Besuch von **Surbourg**. Die nach benediktinischem Brauch auf einer Anhöhe gelegene ehem. Klosterkirche **St-Arbogast** gilt mit ihrem strengen *Stützenwechsel* von Pfeiler – Säule – Pfeiler als Prototyp frühromanischer Architektur. Der Bau aus der Mitte des 11. Jh. vermittelt

Seit dem 15. Jh. strahlen die Glasfenster von Walbourg kraftvoll im Gegenlicht

Romanischer und gotischer Stil verbinden sich in der Kirche des hl. Georg in Haguenau

trotz teilweiser Zerstörung im Dreißig-jährigen Krieg und Wiederaufbau um 1700 noch viel von seinem ursprünglichen Raumcharakter.

Dies gilt weniger für die gleichwohl besuchenswerte, 1047 gegründete ehem. Benediktinerabtei **Walbourg**, rund 6 km südwestlich. Sie wurde im Bauernkrieg und später noch einmal 1945 schwer beschädigt. In ihr fand der Vater Friedrich Barbarossas, Herzog Friedrich von Staufen, seine letzte Ruhestätte. Die Architektur ist teils romanisch, teils Resultat gotischer Umbauten. Von der Ausstattung sind eine Reihe von *Figuren* und das *Sakramentshaus* sowie *Wandmalereien* und *Fenster* im Chor bemerkenswert. All dies stammt aus dem 15. Jh., die Glasmalereien wohl aus dem Umkreis der seinerzeit angesehen Werkstatt von Peter Hemmel.

15 Haguenau
Hagenau

Kaiserstadt im ›Heiligen Forst‹.

Haguenau fungierte schon früh als Stützpunkt der kaiserlichen Macht, dank einer bis heute verkehrstechnisch günstigen Lage. Der die Stadt im Halbkreis umge-bende ›Heilige Forst‹, oder prosaischer **Forêt du Haguenau**, ist ein mit pracht-vollen alten Bäumen bestandenes Waldgebiet von rund 14 000 ha.

Geschichte Funde aus prähistorischer Zeit verweisen auf eine weit zurückreichende Siedlungsgeschichte. Haguenau selbst geht auf eine Gründung der Grafen von Egisheim zurück, die ihre Burg, bestens geschützt, auf einer Insel der Moder errichteten. Später kam sie durch Vererbung an die Staufer, die sie ausbauten. Friedrich Barbarossa erhob sie zur **kaiserlichen Pfalz**. Alte Abbildungen zeigen, wie imponierend die vieltürmige Anlage gewesen sein muss, immerhin war sie Verwaltungsmittelpunkt der elsässischen Reichslandvogtei.

Die kaiserlichen Vögte waren die eigentlichen Herren im Elsass. Der bekannteste von ihnen war Reichsvogt Wölflin, der im Auftrag seines Herrn, des Kaisers Friedrichs II., die umliegenden Orte befestigen ließ. Dann aber wurde er wegen Veruntreuung in den Kerker geworfen und dort – der Legende nach – von seiner Frau eigenhändig erwürgt. Sie wollte verhindern, dass er das Versteck der widerrechtlich angehäuften Schätze verriet. 1164 erhielt Haguenau das Stadtrecht. Als eines der führenden Mitglieder trat die

Prächtig und liebevoll bis ins Detail – das Chorgestühl von St. Nikolaus

Der Flügelaltar von St. Georg aus dem 15. Jh. ist ein geschnitztes und gemaltes Prunkstück mittelalterlicher Frömmigkeit

Stadt 1354 der **Dekapolis** bei, die hier auch ihren Hauptsitz nahm.

Von der einst prächtigen Pfalz ist nichts mehr erhalten. Denn nach dem Westfälischen Frieden (1648) kam das Elsass an Frankreich, die Stadtmauer mit ihren 54 (!) Türmen wurde abgerissen – lediglich drei, der Ritterturm, der Fischerturm und das Weißenburger Tor, sind noch vorhanden. Im Zuge dieser ›Abrüstung‹ wurde auch der Palast dem Erdboden gleichgemacht.

Besichtigung Grabungen in den 50er-Jahren des 20. Jh. brachten neue stadtgeschichtliche Erkenntnisse, sodass ein Modell im **Musée Historique** (9, rue du Maréchal Foch, Tel. 03 88 90 29 39 Mi–Fr 10–12 und 14–18, Mo 14–18, Sa/So 15–17.30 Uhr) Aufschluss über die ehem. Pfalz zu geben vermag. Bis zurück in die Steinzeit reicht die umfangreiche Sammlung.

Auch von der Bürgersiedlung, die sich seit dem 12. Jh. entwickelte, blieb nicht viel übrig. Ein Stadtbrand von 1677 und Kriegszerstörungen 1944/45 dezimierten die Zahl der Denkmäler. Einige schöne Bürgerhäuser wenigstens blieben erhalten. Erwähnenswert sind die beiden Kirchen [s.u.] und die ehem. Stadtkanzlei aus dem Jahr 1484 an der Place Joseph Thierry, worin sich heute das **Musée Alsa-**

›Savoir vivre‹ auch im Elsass: Im freundlichen Haguenau kann man sich's gut gehen lassen

cien (Tel. 03 88 73 30 41, Mo–Fr 9–12 und 13.30–17.30, Sa/So/Fei 14–17 Uhr, Di vormittag geschl.), das Elsässische Heimatmuseum, befindet.

Die von Friedrich Barbarossa als Spitalkirche am Ortseingang beim erhalten gebliebenen Weißenburger Tor gegründete, 1189 den Prämonstratensern überlassene Kirche **St-Nicolas** ist seit 1208 Pfarrkirche. Der heutige Bau entstand um 1300 als dreischiffige *Säulenbasilika* ohne Querhaus, drei Westjoche wurden um 1425 angefügt.

Man betritt das Gotteshaus durch einen Vorraum mit Taufkapelle und Heiligem Grab (um 1360). Innen sind Reste

Das Bündnis der zehn Städte

Der Weg zur Demokratie war auch im Elsass lang und schwierig. Ein wichtiges Kapitel dabei war der **Kampf der Städte** um Selbstbestimmung im ausgehenden Mittelalter. Anfangs saßen im Rat der Städte allein Ritter, später Bürger, seit dem 14. Jh. auch Vertreter der Zünfte. Der Schultheiß wurde nicht gewählt, sondern war in der Regel ein Lehensmann des **Kaisers**, denn dieser war der Garant städtischer Freiheit und Selbstständigkeit. Er allein vermochte die begehrten Rechte zu vergeben, die vor dem Zugriff der Feudalherren schützten.

Doch auch diese Rechte mussten verteidigt werden und gemeinsam fühlte man sich stärker. So wurde denn 1354 auf Colmarer Betreiben hin der militärische Bund der zehn Städte, **Dekapolis**, gegründet, dem auch Weißenburg, Hagenau, Rosheim, Oberehnheim, Schlettstadt, Kaysersberg, Türkheim, Münster und Mühlhausen beitraten.

Als das Elsass im Westfälischen Frieden (1648) Frankreich zugesprochen wurde, respektierte die neue Obrigkeit zunächst die **Reichsfreiheit**, Frankreich übte lediglich Vogteirechte aus und die Städte verweigerten den Eid auf den französischen König. Erst 1673 wurde der Widerstand mit **Waffengewalt** gebrochen, nachdem das Schiedsgericht des Reichstags, das die Städte angerufen hatten, die Oberhoheit Frankreichs über das Elsass anerkannt hatte.

einer qualitätvollen *Barockausstattung* – Chorgestühl, Kanzel, Orgel sowie z.T. lebensgroße Statuen aus dunkel gefärbtem Lindenholz – erhalten, die aus der 1792 zerstörten Zisterzienserabtei Neuburg stammt. An der linken Seitenwand findet sich eine spätgotische Darstellung des mystischen ›Christus in der Kelter‹.

Nahe bei St-Nicolas befindet sich ein eindrucksvoller *jüdischer Friedhof* und das interessante Schulgebäude der *École St-Nicolas* im Art-déco-Stil.

Die Pfarrei von **St-Georges** wurde 1143 gegründet. Der Kirchenbau zeigt die elementare Wucht des romanischen Stils, Chor und Querhaus sind allerdings das Ergebnis eines Umbaus im 13. Jh. Diverse Kapellen wurden vom 13. bis 16. Jh. angefügt, das Netzgewölbe im Mittelschiff 1609–11 von den Molsheimer Jesuiten eingebaut, die die Pfarrei im Zuge der Gegenreformation (1354–1535) übernahmen.

In St. Georg verdienen Aufmerksamkeit ein *Kruzifix* sowie zwei *Flügelaltäre* aus dem 15. Jh., ein 1523 von Hans Hammer geschaffenes *Sakramentshäuschen* und, leider unübersehbar, die nicht unbedingt mit dem Raum harmonierenden *Fenster* von Jacques Le Chevalier (1956). Beachtlich, wenngleich stark restauriert, ist die nach 1500 von Veit Wagner gestaltete **Kanzel** mit den liebevollen Darstellungen der Georgslegende am Treppenaufgang sowie von Kirchenvätern und Evangelisten.

Bleibt zu erwähnen, dass Hagenau im 14. und 15. Jh. ein bedeutendes Zentrum der **Buchproduktion** war – erst handgeschriebener, später auch gedruckter Publikationen.

Besonders Reisende mit Kindern werden über die neuzeitliche Attraktion, das sog. **Nautiland** (8, rue des Dominicains, Tel. 03 88 90 56 56, www.nautiland.net, Mo/Di/Do/Fr 12–21, Mi 9.30–21, Sa 10–22, So/Fei 9–19 Uhr) froh sein. Der viel besuchte Wasser-Freizeitpark bietet Spaß und Vergnügen für die ganze Familie. Er liegt östlich des Stadtflüsschens Moder, jenseits des historischen *Tour des Pêcheurs*, des Fischerturms.

ℹ️ Praktische Hinweise

Information

Office de Tourisme, place Désiré Brumbt (beim Bahnhof), Haguenau, Tel. 03 88 93 70 00, www.ville-haguenau.fr

Hotels

Les Pins, 112, route de Strasbourg, Haguenau, Tel. 03 88 93 68 40, www. hotelrestaurantlespinshaguenau.com. Charmantes, komfortables Hotel am Ortsrand, das Restaurant bietet traditionelle regionale Küche.

L'Étoile, 46, route de Marienthal, Haguenau, Tel. 03 88 93 89 25. Einfache, preisgünstige Unterkunft mit Restaurant (Mi geschl.).

Die Entwicklung von Brauchtum und Handwerk über die Jahrhunderte hinweg dokumentiert das Hagenauer Heimatmuseum Musée Alsacien

Am Rhein-Marne-Kanal – Flussdurchbruch im Waldland

Dort, wo das Gebirge am schmalsten und die Schwelle nicht allzu hoch ist, befand sich von alters her ein bevorzugter Übergang über die Vogesen. Schon die Römer legten Straßen an, später die Straßburger Bischöfe, schließlich der Ingenieur De Regemorte. Seine 1737 eingeweihte ›neue Steige‹ verwendete Serpentinen und Gewölbe zur Überwindung von Höhenunterschieden und Bodensenkungen und wurde von den Zeitgenossen als technische Glanzleistung gepriesen.

Heute verbinden nicht nur Eisenbahn (gebaut 1842–51) und mehrere Straßen – im Norden die Autobahn und die N4 über den Col de Saverne, weiter südlich die D132 –, sondern auch der 1828–53 angelegte Canal de la Marne au Rhin das Pariser Becken mit der Rheinebene. Wichtigste Stadt am östlichen Gebirgsrand ist Saverne, auf deutsch Zabern.

Nördlich von Saverne liegen die äußersten Ausläufer des **Hanauer Landes** mit **Bouxwiller** als traditionellem Zentrum. Ein ausgedehntes Netz von **Wanderwegen** durchzieht den Forst und von den Felsspitzen eröffnen sich immer wieder herrliche **Ausblicke**, einer der spektakulärsten ist der vom touristenbevölkerten **Dabo**, dem mit 587 m höchsten Berg der Nordvogesen.

16 Saverne
Zabern

Römische Raststätte und fürst-bischöfliche Residenz.

Verkehrstechnisch und strategisch exponiert liegt das Städtchen mit seinen heute 11 000 Einwohnern am Aufstieg zur ›Zaberner Steige‹, des nur 410 m hohen Vogesenpasses **Col de Saverne**.

Geschichte Schon zur Römerzeit war das damalige *Tres Tavernae*, drei Tavernen, ein beliebter Rastplatz. Bereits damals befestigt, fiel im 10. Jh. der wichtige Ort an den **Bischof von Straßburg**. Die Bischöfe waren es auch, die im 15. Jh. das Alte Schloss, im 16.–18 Jh. das Neue Schloss erbauen ließen. Beide Schlösser beherrschen – zusammen mit Kirche und Kanalhafen – bis heute das ›zweistöckige‹, aus Ober- und Unterstadt reizvoll komponierte Ortsbild. Die Bischöfe rangen 1193 den Herren von Geroldseck das *Stadtrecht* ab, rissen 1236 die kaiserlichen

Vollmachten an sich und entmachteten 1316 die Edlen von Greifenstein. 1414 verlegten sie den **Bischofssitz** hierher, nachdem ihnen die Straßburger Bürgerschaft mehr und mehr Schwierigkeiten bereitet hatte.

Der Name Zabern ist aber auch eng mit einem entsetzlichen Blutbad verbunden, das 1525, zur Zeit der **Bauernkriege**, lothringische Landsknechte an rund 18 000 heimkehrenden, unbewaffneten Bauern verübten.

Die Lage der Stadt brachte es mit sich, dass sie immer wieder umkämpft und zerstört wurde. Die Herrschaften wechselten und erst Ende des 17. Jh., unter französischer Oberhohheit, kam Saverne zur Ruhe und seine Bischöfe konnten eine prunkvolle, ›standesgemäße‹ Hofhaltung entfalten. Nach ihrer Entmachtung während der Französischen Revolution blieb zunächst ein Vakuum. Aus ihrem Dornröschenschlaf erwachte die Stadt erst wieder durch die **Industrialisierung** des 19. Jh., als der Rhein-Marne-Kanal und die Eisenbahnlinie angelegt wurden. In den 60er-Jahren des 20. Jh. wurde dann emsig gebaut und dabei unachtsam manches Schöne zerstört. In letzter Zeit hat sich allerdings auch hier ein neues Bewusstsein entwickelt, das sich in sorgfältigen Restaurierungen und in kulturellen Initiativen äußert.

Besichtigung Das **Neue Schloss** führt nach seinem Bauherrn den Namen **Château des Rohan**. Wie im 18. Jh. üblich, sind Stadt- und Gartenseite deutlich voneinander unterschieden: Hier die ›offizielle‹ repräsentative **Fassade** mit ihrem Ehrenhof, dort die eher ›private‹ Ansicht, eindrucksvoll gespiegelt in der Wasserfläche des **Kanalhafens**. Klassizistisch gereihte Kolonnaden bestimmen in beiden Fällen das Bild. Was den Garten betrifft, so beauftragte Bischof Arman Gaston de Rohan 1712 den berühmten Pariser Baumeister Robert de la Cotte mit dem Entwurf eines ›moderneren‹, unmittelbar vor dem Schloss gelegenen Parks nach Versailler Vorbild. Der Ausbau des Kanals und der Eisenbahn hat freilich aus dieser Anlage einen Torso gemacht. Am Schloss selbst, einer imponierenden, 1779 nach einem Brand des Vorgängerbaus unter Louis René de Rohan-Guéméné errichteten Architektur, hatte der Fürstbischof nicht lange seine Freude. Schon kurz nach der Fertigstellung zwangen ihn revolutionäre Unruhen zur Flucht ins badische Ettenheim. Das Schloss wurde nun als Gefängnis, Bahnhof, Schule, Kaserne und Lagerhalle genutzt. 1852 rettete es Prinz Louis Napoleon Bonaparte vor dem sicheren Verfall, indem er es als Heim für die Witwen höherer Staatsbeamter renovieren ließ.

Heute ist das Schloss ein **Kulturzentrum** mit Vortrags-, Konzert- und Festsälen. Dazu beherbergt es die Volkshochschule und eine Jugendherberge, vor allem aber zwei Museen, das **Musée Archéologique et Historique** (Tel. 03 88 91 06 82, 15. Juni–15. Sept. Mi–Mo 10–12, 14–18 Uhr, Jan.–14. Juni, 16. Sept.–23. Dez. Mo, Mi–Fr 14–18 Uhr, Sa/So/Fei 10–12, 14–18 Uhr) mit reichen archäologischen und volkskundlichen Sammlungen sowie mittelalterlicher und barocker Kunst und das **Musée Louise Weiss** (Tel. 03 88 91 06 28, www.louise-weiss.org, 15. Juni–15. Sept. Mi–Mo 10–12 und 14–18 Uhr; sonst Mi–Mo 14–17 Uhr). Letzteres hält das Andenken an eine engagierte Europäerin wach, die sich, 1893 geboren, als Journalistin und Schriftstellerin zwischen den beiden Weltkriegen vehement für die politische Gleichstellung der Frauen eingesetzt hat. 1981, zwei Jahre vor ihrem Tod in Paris, vermachte sie u. a. wertvolle Gemälde sowie Dokumente und Reiseandenken aus mehreren Kontinenten der Stadt Saverne.

Das **Alte Schloss** an der Rue du Tribunal, heute *Sous-Préfecture*, bildet mit der Pfarrkirche eine markante, das Stadtbild

Klar geordnet: die Gartenfront des Château Rohan am Rhein-Marne-Kanal

Für einen gemütlichen Bummel ist die hübsche, fachwerkgeschmückte Fußgängerzone Grand'Rue wie geschaffen

bestimmende Einheit. Die heutige Architektur stammt im Wesentlichen aus dem 17. Jh., allerdings unter Einbeziehung älterer Teile wie der doppelgeschossigen *Michaelskapelle*. Ihr Obergeschoss wurde im 15. Jh. über einem älteren Beinhaus errichtet.

Die benachbarte Pfarrkirche **Notre-Dame-de-la-Nativité**, ursprünglich dem hl. Paulus, ab 1485 Mariae Geburt geweiht, besticht durch einen mächtigen Turm aus der Mitte des 12. Jh. mit heute etwas zu bescheiden geratenem, früher deutlich höherem Helm, einem zweischiffigen Langhaus mit Netzgewölben und dem Chor aus dem 15. Jh.

Von ihrer reichen **Ausstattung** kann nur das Wichtigste erwähnt werden. In der Vorhalle begrüßt eine überlebensgroße Christusfigur von 1756 den Kirchgänger. Die auf 1495 datierte *Kanzel* stammt vom Straßburger Münsterbaumeister Hans Hammer, den *Taufstein* gestaltete 1615 der Zaberner Bildhauer Hans Faber. Darüber befindet sich eine Christusstatue (um 1550), in einer Wandnische die etwas ältere, um 1500 entstandene Figur des hl. Vitus, der in siedendem Öl gesotten wird. Beim Heiligen Grab aus dem 14. Jh. an der linken Wand ist im Körper Christi eine Vertiefung angebracht. Hier konnte in der Karwoche die geweihte Hostie aufbewahrt werden.

Des Weiteren gibt es einen dem Augsburger Bildhauer Hans Daucher zugeschriebenen Schmerzensmann, der von Maria und Johannes gestützt wird (um 1500), qualitätvolle Grabmäler von Bischöfen aus dem 15. und 16. Jh., Fragmente von Flügelaltären und – in der Marienkapelle im linken Seitenschiff – die geschickt zusammengestellten Reste von *Glasmalereien* des 15. Jh. In ihrer silbrig-

goldenen, von der dunklen Glut hochmittelalterlicher Glasfenster grundverschiedenen Tönung sind sie charakteristisch für die Glasfensterkunst der Spätgotik im Allgemeinen und die des Peter Hemmel von Andlau im Besonderen. Als Empore hat man den Lettner des 15. Jh. wieder verwendet, auf ihr steht die 1784 von Sebastian Kraemer erbaute Orgel.

Auch die einfache, einschiffige Kirche des ehem. **Franziskaner-** oder **Rekollektenklosters** etwas westlich in der Rue de Poincaré lohnt einen Besuch – u.a. wegen ihrer noblen *Barockausstattung*, aber auch wegen mehrerer bedeutend älterer Grabmäler und des 1303 datierten, im 17. Jh. ausgemalten *Kreuzgangs*. Sehens- und hörenswert ist auch die wertvolle *Orgel* des Silbermann-Schülers Louis Dubois von 1763. Bei deren Restaurierung fand man Handschriften des 14. Jh., die zum Abkleben undichter Stellen im Windkasten benutzt worden waren.

Über alledem sollte man in der neu angelegten Fußgängerzone **Grand'Rue**

Blütenpracht vor dem gotischen Kreuzgang des ehem. Franziskanerklosters

Butzenscheiben und pittoresker Schnitzschmuck – dafür ist die Maison Katz berühmt

nicht die schönen Fachwerkhäuser versäumen, deren aufwendigstes die 1605 erbaute und 1668 vergrößerte **Maison Katz** ist. Das mit Schnitzereien reich geschmückte Haus ist benannt nach seinem Erbauer und Besitzer, dem bischöflichen Obereinnehmer Heinrich Katz. Heute ist hier eine *Weinstube* (www.taverne katz.com) untergebracht, in der Damen

in elsässischer Tracht *Choucroute* und andere landestypische Gerichte servieren.

Ansonsten lohnt ein Besuch des berühmten Rosengartens, der **Roseraie** (www.roseraie-saverne.fr, 21. Mai–4. Sept. tgl. 10–19 Uhr, 5.–30. Sept. tgl. 14–18 Uhr), westlich des Zentrums an der Route de Paris. Zur Zeit der Blüte verwandeln ihn 1300 Rosensorten in ein duftendes Blumenmeer. Ihrer Freude daran geben die Saverner mit der alljährlich im Juni/Juli stattfindenden **Fête des Roses** Ausdruck. In der Nähe des Rosengartens steht die im 19. Jh. erbaute **Synagoge**, die von den Nazis teilweise zerstört, 1950 jedoch restauriert wurde. Der jüdische Friedhof (Route de Paris, Zugang nur mit Genehmigung der jüdischen Gemeinde) geht auf das 17. Jh. zurück.

Jardin Botanique du Col de Saverne

Gleichfalls einen Besuch wert ist der 3 km außerhalb an der N4 in Richtung St-Jean-Saverne gelegene **Botanische Garten** (http://jardin-botanique-saverne.org, Mai –Aug. tgl. 10–18, April/Sept. Sa/So 14–18 Uhr). In dem knapp 2,5 ha großen Gelände sind das Alpinum und die Moorlandschaft besonders interessant.

ℹ Praktische Hinweise

Information

Office de Tourisme, 37, Grand'Rue/Fußgängerzone, Saverne, Tel. 03 88 91 80 47, www.ot-saverne.fr

Hotel

Chez Jean, 3, rue de la Gare, Tel. 03 88 91 10 19, www.chez-jean.com. Gemütliches Hotel mit Restaurant und Weinstube (So abend und Mo geschl.).

17 Tal der Zorn

Wie Schiffe über den Berg kommen.

Südlich der A4 begleitet die D132 bis Lützelburg den *Canal de la Marne au Rhin* durch das malerische Tal der Zorn.

Schiffshebewerk

Wer es nicht vorzieht, Ferien auf einem der z.T. recht komfortabel eingerichteten Hausboote zu machen, kann sich in Zabern ein Fahrrad ausleihen und damit bei gemächlichem Tempo die Schiffe überholen, die alle paar hundert Meter erneut in einer Schleuse des Marne-Rhein-Kanals anhalten müssen, um den Höhenunterschied der Zaberner Steige zu überwinden. Die Vogesen sind hier nur rund 4 km breit und maximal 410 m hoch. Der letzte ›Schritt‹ ist dann ein imponierender Kraftakt: 1969 wurde der **Schrägaufzug St-Louis-Arzviller** in Betrieb genommen. Er überwindet mittels eines quer gelagerten Förderbeckens von 43 x 5.20 x 3.20 m einen Höhenunterschied von 44,55 m und ersetzt damit eine 4 km lange Kanalstrecke mit ehemals 17 Schleusen, für die man früher einen ganzen Tag brauchte. Man kann das Wunderwerk und als Zugabe noch den als *Museumsschiff* eingerichteten Lastkahn ›Sophie Marie‹ besichtigen (www.plan-incline.com, Mai/Juni/Sept. Di–So 9.45–

Ungewöhnlicher als mit dem Schiffshebewerk kann man die Vogesen kaum überwinden

Wie eine Spielzeugstadt wirkt Saverne beim majestätischen Blick von Haut Barr aus

11.45 und 14–17.30 Uhr, Juli/Aug. tgl. 10–17.45, 1. April–24. Okt. Di–So 10–11.45 und 13.30–16.45 Uhr).

Die Schiffsreise durch das kanalisierte Zorn-Tal beginnt in Saverne, an der Anlegestelle bei den ehem. Pferdeställen des Neuen Schlosses am **Quai du Canal**. Gegenüber gibt es hübsche Straßencafés, von denen aus man das unterhaltsame Treiben auf dem Wasser betrachten kann.

Haut Barr/Hohbarr

Aber vielleicht sollte man sich das Ganze doch erst einmal von oben ansehen? Der Blick von der auf einem dreigeteilten Felsen im Südwesten von Saverne errichteten **Burg Haut Barr** ist überwältigend. Die 1123 erstmals erwähnte Festung ist vom Stadtzentrum über die D102 zu erreichen, vorbei an der bemerkenswerten neuen Architektur der Oberschule *Lycée du Haut Barr*.

Nach 4 km erreicht man die Burg. Sie war seit 1168 im Besitz der **Bischöfe von Straßburg**, die sie nach damals modernsten befestigungstechnischen Gesichtspunkten ausbauen ließen. Im 14. und 16. Jh. wurde sie erweitert – eine Inschrift beteuert, all dies diene allein dem Schutz der Untertanen und stelle keinerlei Unfreundlichkeit gegen irgendjemanden dar –, im Dreißigjährigen Krieg zerstört und im 19. Jh. restauriert.

Eindrucksvoll ist die romanische *Burgkapelle*, in die 1954 Betonglasfenster von A. Freydt eingepasst wurden. Die Renaissance-Gebäude stammen aus der Zeit des Straßburger Bischofs Johannes von Manderscheid, der hier oben einen Treff für fröhliche Saufkumpane einrichtete, die sog. **Hornbruderschaft**. Sie war benannt nach der Aufnahmeprüfung, die darin bestand, ein elf Liter fassendes Horn zu leeren.

Einen Genuss eigener Art beschert der herrlich weite **Ausblick**, den man sowohl vom nördlichen als auch vom südlichen Burgfelsen hat. Um seinetwillen wurde Haut Barr bereits Anfang des 15. Jh. **Oculus Alsatiae**, ›Auge des Elsass‹, genannt. Vom Nord- oder Markfelsen, mit seinem Pendant durch die sog. *Teufelsbrücke* verbunden, kann man sogar das Straßburger Münster ausmachen.

Télégraphe Chappe

Etwa 200 m vor Burg Haut Barr steht ein technisches Denkmal besonderer Art, der nach seinem Erfinder Claude Chappe (1763–1805) benannte optische Télégraphe Chappe (Info: Société d'Histoire de La Poste et de France Télécom en Alsace, Tel. 03 88 52 98 99, www.shpta.com, Juni–Mitte Sept. Di–So 13–18 Uhr). Er wurde 1794 in Betrieb genommen und ermöglichte, mithilfe geometrischer, leicht erkennbarer Signalzeichen, Nachrichten in kurzer Zeit über große Entfernungen hinweg zu übermitteln. Das gesamte Netz umfasste etwa 550 Stationen und erstreckte sich über eine Entfernung von 4000 km. Die optischen Telegrafen blieben bis 1852 in Betrieb, dann wurden sie durch elektrische Telegrafen ersetzt.

Château du Griffon/ Burg Greifenstein

Um von Haut Barr zum nahe gelegenen *Château du Griffon* zu gelangen, muss man erst wieder ins Stadtzentrum von Saverne hinuntersteigen. Eine schmale Waldstraße führt dann 2 km nach Westen hinauf zu der Doppelburg **Groß-** (seit 1157) und **Klein-Greifenstein** (1351). Beide Wehranlagen wurden von den Herren von Ochsenstein erbaut, dann aber von den Straßburger Bischöfen übernommen, die ihrerseits die Herren von Greifenstein bis 1450 mit diesem Besitz belehnten. Später dienten die Ruinen den Bischöfen als willkommene Steinbrüche für ihren neuen Schlossbau in Zabern. Gleichwohl ist der Bergfried von Groß-Greifenstein noch immer imponierend und einen Ausflug wert.

Groß- und Kleingeroldseck

Ein markanter Wohnturm ist der **Donjon** der weiter südlich gelegenen Burg *Großgeroldseck* bei Haegen, die 1269 erstmals erwähnt, aber schon im 15. Jh. wieder zerstört wurde. Sie gehörte einer ehemals mächtigen Familie, die ihr Lehen nun nicht dem Bischof von Straßburg,

sondern dessen Amtsbruder in Metz verdankte. Man sieht, die Herrschaftsverhältnisse waren kompliziert.

In der Nähe finden sich noch die Reste der 1361 ebenfalls vom Bischof von Metz erbauten Burg *Kleingeroldseck*. Der **Blick** von hier oben schweift bereits über ein anderes Territorium, über die *Deux terres de Gerolsec* mit ihrem Zentrum Marmoutier [Nr. 21].

ℹ Praktische Hinweise

Information

Syndicat d'Initiative de Lutzelbourg, 147, rue A.J. Konzett, Lutzelbourg, Tel. 03 87 25 30 19

Hausboote

Locaboat Holidays, Port Amont, Lutzelbourg, Tel. 03 87 25 70 15, www.locaboat.com

Navig' France, Port de Plaisance, Lagarde, Tel. 03 87 86 65 01, www.hausboot-vermietung.com

Hotel

Des Vosges, 2, rue Charles Ackermann, Lutzelbourg, Tel. 03 87 25 30 09, www.hotelvosges.com. Nettes Hotel mit Restaurant (Wildspezialitäten, Mi geschl.).

Restaurant

Canaltour Bateau Restaurant Le Rohan, 1, chemin Ecluse, Saverne, Tel. 03 88 62 54 98. Stilvoll speisen bei einer ›Kreuzfahrt‹ auf dem Marne-Rhein-Kanal.

18 St-Jean-Saverne
St. Johann bei Zabern

Treffpunkt von Hexen und Nonnen.

»Quel beau jardin!« – »Welch schöner Garten!« rief Ludwig XIV. aus, als er vom *Col de Saverne* herab einen ersten Blick hinunter auf das Elsass werfen konnte. Wahrscheinlich haben Majestät den kleinen Flecken nicht weiter beachtet, der sich da am Berghang, in unmittelbarer Sichtweite, das 1126 gegründete **Benediktinerinnenkloster St-Jean** gebildet hatte. Das Kloster unterstand der Abtei St. Georgen und einmal mehr wird man in diesem Zusammenhang auf die gemeinsame Kulturgeschichte diesseits und jenseits des Rheins verwiesen.

Die Kanzlei aus dem 17. Jh. nahm in der Neuzeit das Rathaus von Bouxwiller auf

Das Kloster erlitt im Laufe der Jahrhunderte etliche **Zerstörungen**. In der Französischen Revolution wurde es aufgehoben, anschließend teilweise abgebrochen – seine Steine lassen sich unschwer in den Häusern der Umgebung wiederfinden. Was schließlich übrig blieb, brannte 1867 ab – bis auf Pfarrhaus und **Kirche**. Und diese, gut restauriert, ist einen Besuch wert. Erbaut um 1145–50 als querschifflose romanische **Pfeilerbasilika**, das Mittelschiff erst gegen Ende des 12. Jh. eingewölbt, wobei Rippen bereits die Gotik andeuten, zeigt die Kirche edle, klare Proportionen und bemerkenswerte **Ausstattungsstücke**. Außen und innen gibt es groteske, fantasievolle Bauskulpturen, über der Sakristeitür ein Tympanonrelief mit dem kreuztragenden Lamm Gottes, an den Türen selbst original romanische Beschläge. Im Innern: noble Ausstattung des 18. Jh. und vor allem sechs *Wirkteppiche* aus dem 16. Jh., die Jagdszenen, die Klage eines Greises um die verlorene Jugend sowie religiöse Themen darstellen. 1773 wurde vor die

Fassade ein markanter Turm gesetzt. Unweit der Klosterkirche erhebt sich auf der Höhe die **St. Michaels-Kapelle**. Sie wurde auf uraltem, sagenumwobenem Terrain errichtet und, wohl um der heidnischen Überlieferung Herr zu werden, dem Kämpfer gegen die Dämonen geweiht. Schließlich gibt es noch heute die Grotte, in der einst ›Hexen‹ in ihrer geheimen Weisheit unterrichtet worden sein sollen. Darüber liegt die kreisförmige **École des Sorcières**, der sog. Hexentanzplatz. Das Christentum hat solche Orte nicht gemieden, sondern versucht, sie mit kräftigem ›Gegenzauber‹ unschädlich zu machen.

19 Bouxwiller
Buchsweiler

Austragungsort des ›Weiberkrieges‹.

Ende des 13. Jh. in den Rang einer Stadt erhoben, war der kleine Ort mit seinen knapp 4000 Einwohnern lange Zeit Verwaltungszentrum des **Hanauer Landes**. Im Schutz des 326 m hohen Bastberges gelegen, war er seit 1343 sogar mit einer Mauer befestigt. Hier fand 1462 der ›Buchsweiler Weiberkrieg‹ statt, ausgelöst durch die Affäre des Grafen Jakob von Lichtenberg mit Bärbel von Ottenheim [s. S. 26].

Die Lichtenberger besaßen hier ein Stadtschloss, das aber, wie so vieles, in der Französischen Revolution zerstört wurde. Es bildete einst das Zentrum des **Marktplatzes**. An seiner Stelle steht heute das 1885 erbaute *Lycée*. Erhalten blieben jedoch die ehem. *Kanzlei* von 1659, in der nun das **Rathaus** seinen Platz hat, sowie die Reste des *Herrengartens*. Hier befindet sich auch das Volkskundemuseum **Musée du Bouxwiller et du Pays de Hanau** (Tel. 03 88 70 99 15, wg. Renovierung voraussichtlich Mitte 2011 wieder zugänglich), das u. a. kunstvoll bemalte Bauernmöbel, eine bürgerliche Wohnstube und traditionelle Trachten des Hanauer Landes zeigt. Ein *Brunnen* aus dem 17. Jh. mit Darstellungen von Venus und Diana schmückt den Platz.

Die katholische *Kirche* stammt von 1779. Die evangelische Kirche wurde 1614 unter Verwendung älterer Teile erbaut. Innen zeigt sie die für den protestantischen Ritus typische Ausrichtung von – hier zweistöckigen – Emporen auf die *Kanzel*. Letztere wurde 1615 unter Einbeziehung gotischer Versatzstücke errichtet. Zur Ausstattung zählen ferner ein stuckierter *Herrenstuhl* von 1787 und die **Silbermann-Orgel** von 1777/78.

Ingwiller und Weiterswiller

Auffallend viele Ortsnamen im Elsass enden auf -willer, die Dialektform des hochdeutschen ›Weiler‹. Sie bezeugen unverkennbar alemannischen Dialekt, wohingegen die im Elsass ebenfalls häufigen Ortsnamen mit den Endungen -heim oder -hausen fränkischen Ursprungs sind.

Ingwiller (Ingweiler), 10 km nördlich von Bouxwiller am Fuß der Berge und am Zusammenfluss von Mittelbach und Moder gelegen, besitzt römische Wurzeln und zeigt noch Reste seiner mittelalterlichen *Befestigung*. In der evangelischen Kirche des 5 km südwestlich gelegenen **Weiterswiller** (Weitersweiler) sind *Wandmalereien* aus dem 15./16. Jh. zu sehen. Interessant sind außerdem vier *Grabmäler* der Familie Fleckenstein, in deren Besitz der zuvor den Lichtensteinern gehörende Ort im 16. Jh. gelangte.

i **Praktische Hinweise**

Information

Office de Tourisme, 89, rue du Général Goureau, Ingwiller, Tel. 03 88 89 23 45, www.tourisme-hanau-moder.fr

Hotel

La Cour du Tonnelier, 84a, Grand'Rue, Bouxwiller, Tel. 03 88 70 72 57, www.courdutonnelier.fr. Preiswerter und komfortabler Gasthof mit Schwimmbad und Gartenwirtschaft (So abend, Mo geschl.).

20 Neuwiller-lès-Saverne
Neuweiler

Die Teppiche des hl. Adelphus.

Nur 7 km westlich von Bouxwiller lohnt der Besuch eines kunst- und baugeschichtlichen Kleinods ersten Ranges: der ehem. **Abteikirche St-Pierre-et-St-Paul** in Neuwiller-lès-Saverne. Um 725 hatte der westgotische Abt und Wanderbischof Pirmin das Benediktinerkloster gegründet. Im 9. Jh. wurden dann die Gebeine des hl. Bischofs Adelphus (um 400) aus Metz hierher gebracht, wodurch ein lebhafter *Wallfahrtsbetrieb* in Gang kam. Er machte das Kloster reich und mächtig, führte aber schließlich zu einer solchen Unruhe, dass sich die Mönche im 12. Jh. genötigt sahen, die Reliquien aus der Klosterkirche zu entfernen und eine eigene Adelphus-Kirche für die Pilger zu bauen. Seit 1563 allerdings gehört die nur noch als Torso erhaltene ehem. **Kollegiatskirche St-Adelphe** den Protestanten. Der Chor aus dem 14. Jh. wurde 1823 abgebrochen. Die erhaltenen Teile – besonders eindrucksvoll der romanische *Vierungsturm* und die minarettartigen *Treppentürmchen* seitlich der Fassade – zeigen in den Seitenschiffen Kreuzgrat-, im Mittelschiff Rippengewölbe, markieren also den Übergang von der Romanik zur Gotik (um 1200). Betrachtenswert sind auch die Figuren einer spätgotischen Kreuzigungsgruppe.

Um den **Stiftsplatz** drängen sich malerische Häusergruppen des 16. und 17. Jh. Auch das **Kriegerdenkmal** von Paul Dinder aus dem Jahr 1959 verdient Beachtung, hebt es sich doch wohltuend ab von dem hohlen Pathos, das bei Monumenten dieser Art bedauerlicherweise nur allzu verbreitet ist: Eine junge Frau betrauert ihren sinnlos geopferten Gat-

Die monumentale romanische Kirche St-Pierre-et-St-Paul wurde im 18. Jh. mit einigen klassizistischen Elementen versehen

ten – eine moderne Pietà als Zeichen der Trauer und Hoffnung.

Die Stilgeschichte der ehem. **Abteikirche** reicht von der romanischen Krypta bis zur klassizistischen Fassade von François Pinot (1731–1801), mit qualitätvollen Skulpturen der Kirchenpatrone. 1496 wurde die Abtei in ein weltliches Stift

Höchst interessant sind die Kapitelle in St. Peter und Paul – hier die rätselhaften Engelsfiguren im Nordquerschiff

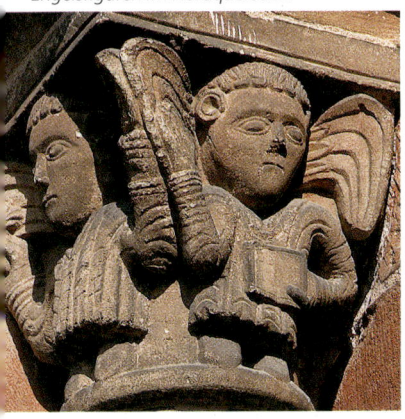

umgewandelt und in der Französischen Revolution aufgehoben. Im **Inneren** der Kirche kontrastieren ältere und jüngere Teile miteinander. Querhaus und anschließendes Joch entstanden um 1200. Man beachte den sog. *Rheinischen Stützenwechsel* und das vierteilige Gewölbe. Das restliche Schiff mit Bündelpfeilern und sechsteiligem Gewölbe geht auf das 13. Jh. zurück. Zisterziensischer Einfluss zeigt sich im rechteckigen Abschluss von Apsis und Kapellen.

Kostbares **Ausstattungsstück** ist das aus der Adelphi-Kirche übernommene, mit seltsamen Tierdarstellungen geschmückte *Hochgrab des Adelphus*. Es wird auf etwa 1300 datiert, der Schrein ist barock. Hinzu kommen ein detailliert und mit exquisiter Ornamentik ausgearbeitetes *Heiliges Grab* von 1478, zwei *Marienfiguren* aus dem 15. Jh., die *Kanzel* (1683) und der um 1200 entstandene *Taufstein*. Letzterer ruht auf Fabelwesen, die ganz offenbar unter ihrer Last leiden. Sehenswert sind auch die *Orgel*, 1772 von Nicolas Dupont geschaffen, und das *Chorgestühl* aus dem 18. Jh.

Von hervorragender Schönheit sind die berühmten vier **Basler Bildteppiche**

Prunkstücke der Kirche St. Peter und Paul sind vier Wandteppiche (15. Jh.)

vom Ende des 15. Jh., auf denen Szenen aus dem Leben des hl. Adelphus dargestellt sind. Sie werden im Obergeschoss der im 11. Jh. in wunderbar reinen Formen erbauten Doppelkapelle aufbewahrt. Sie ist oben dem hl. Sebastian, unten der hl. Katharina geweiht. Die Kapelle ist – nur im Rahmen von Führungen (Info beim Pfarramt unter Tel. 03 88 70 00 51) – vom Chorscheitel aus zugänglich.

ℹ Praktische Hinweise

Hotel

Du Herrenstein, 20, rue du Général-Koenig, Neuwiller-lès-Saverne, Tel. 03 88 70 00 53, www.herrenstein.fr. Das Hotel in einem Bau des 18. Jh. bietet ruhige Zimmer sowie einen Garten und ein Restaurant (Mi abend und Do geschl.).

21 Marmoutier
Maursmünster

Wunderschöne romanische Kirchenfassade.

Der Ort wird beherrscht vom ehem. **Kloster**, die Straße führt direkt auf seine imponierende, edel proportionierte Fassade zu. Maursmünster wurde von den iro-schottischen Mönchen Leobardus und Sindenus um 590 gegründet und von den Merowingerkönigen mit reichem Landbesitz, der sog. *Mark Aquilea*, ausgestattet. Das Territorium, das von der einst mächtigen Abtei beherrscht wurde, umfasste mehr als 150 km² und 16 Dörfer. Maursmünster ist somit eines der ältesten Klöster im Elsass. Die über das südliche Querschiff der **Klosterkirche von Maursmünster** (tgl. 9–11.30 und 14–17.30 Uhr) erreichbare ›archäologische Krypta‹ gibt Aufschluss über die Vorgängerbauten. Es scheint, als sei die Abtei auf den Fundamenten eines *römischen Tempels* erbaut worden, die Nahtstelle zwischen Antike und christlichem Mittelalter liegt greifbar vor Augen.

724 wurde das Kloster von Abt Maurus, dessen Namen es trägt, reformiert, 740 führte der hl. Pirmin die benediktinische Mönchsregel ein. Blütezeit war das 11. und 12. Jh. In dieser Zeit entstand die gewaltige, dreitürmige **Westfront**, der einzig erhaltene Rest der einstigen romanischen Kirche.

Mächtig klingt der Baugedanke des karolingischen Westwerks nach, sensibel sind die Klarheit wuchtiger Stereometrie und die Feinheit der Flächen-Reliefierung gegeneinander ausbalanciert. Eine speziell elsässische Zutat ist die Vorhalle, die Dreierarkade des Portals greift noch

Alles orientiert sich in Marmoutier auf das romanische Westwerk der Klosterkirche hin

einmal variierend die Proportionen des Ganzen auf.

Der Blick ins **Innere** überrascht, man vermutet angesichts solch reiner Romanik kein gotisches Kirchenschiff. Der Blick auf die südliche Außenseite der Kirche zeigt freilich auch, wie wenig die beiden Bauphasen tatsächlich miteinander zu tun haben. Das gleichwohl nicht minder qualitätvolle, schlank proportionierte gotische *Langhaus* entstand unter dem tatkräftigen Abt Johann I. (1253–88). Man beachte insbesondere auch die wunderbaren, botanisch genau zu identifizierenden Blattmotive der *Kapitelle*.

Schwere Zeiten für die Abtei waren das 14. bis 16. Jh. Das Kloster hatte unter der ungeschickten und gewaltsamen

Der Adler im detailreichen Chorgestühl symbolisiert den Evangelisten Johannes

Politik seiner Vögte, die auf Burg Geroldseck residierten, sehr zu leiden, aber auch unter den Plünderungen und Zerstörungen während des Bauernkriegs. 1621 machten die Schweden im Dreißigjährigen Krieg der Abtei den Garaus. Aus all diesen Schwierigkeiten aber hat sich Marmoutier immer wieder wie Phönix aus der Asche erhoben. Zu einer letzten *Blütezeit* kam es im 18. Jh., bevor das Kloster schließlich in der Französischen Revolution aufgehoben wurde.

Vorher aber entstand ein **Chor**, der nur scheinbar mittelalterlich ist: Er wurde 1761–68 in gotisierenden Formen erbaut – ein interessantes Beispiel für eine frühe historisierende Architektur.

In der reichen **Ausstattung** zieht die höfische Dekorationskunst des Louisquinze alle Register des Zeitgeschmacks. Die reichen Schnitzereien von Chorgestühl und Hochaltar sind vom Feinsten, die Gemälde ebenfalls von beachtlicher Qualität. Auf dem Hochaltar glänzt ein Weihnachtsbild nach einem 1794 verlorenen Original von Peter Paul Rubens. Das Ganze bildet eine in jeder Hinsicht stimmige Einheit.

Im 18. Jh. entstand auch die berühmte **Orgel** von Andreas Silbermann. Sie wurde 1709 aufgestellt, nach dem Tod des Meisters 1746 von dessen Sohn Johann Andreas vollendet und ist neben der Orgel in Ebersmünster das einzige der rund

Marmoutier erfreut sich einer prächtigen Silbermann-Orgel von Vater und Sohn

Die Königin der Instrumente

Das Elsass präsentiert sich, dank des Wirkens des genialen **Andreas Silbermann** (1678–1734), als eine ›Orgellandschaft‹ eigener, überregional bedeutsamer Prägung. Es spielt, nach einer Epoche des Niedergangs der Orgelbaukunst, zugleich als Ausgangspunkt der von Albert Schweitzer und Émile Rupp Anfang unseres Jahrhunderts initiierten und weit über die Landesgrenzen ausstrahlenden **Elsässischen Orgelreform** eine wichtige Rolle. Diese Bewe

gung hat Klangqualitäten historischer Orgeln neu entdeckt und die Geheimnisse alter handwerklicher Tradition auch für den modernen Orgelbau und die stilgerechte Wiedergabe alter Musik wieder fruchtbar gemacht.

Andreas Silbermann wurde in Sachsen geboren. Der gelernte Tischler arbeitete zunächst bei dem pfälzischen Orgelbauer Rinck. 1701 ließ er sich in Straßburg nieder, baute dort mit seinem Bruder Gottfried (1683–1753) die Orgel des Margarethenklosters und machte sich anschließend in Paris mit den Eigenheiten des französischen Orgelbaus vertraut.

Während sein Bruder im sächsischen Freiberg eine nicht minder bemerkenswerte Orgeltradition begründete, schuf Andreas Silbermann im Elsass einen Orgeltypus, der deutsche und französische Klangeigenschaften zu einer harmonischen Synthese verband. **Charakteristisch** sind u.a. die dialogische Gegenüberstellung von Hauptwerk und Rückpositiv, der weiche, helle ›Silberglanz‹ der Mixturen (Obertonmischungen) und der kraftvolle Chor typisch französischer Zungenstimmen (Trompette, Cromorne). Silbermanns Werk wurde weitergeführt durch seinen Sohn Johann Andreas (1712–1783) sowie zahlreiche weitere Nachkommen und Familienangehörige. Die bedeutendsten von Andreas Silbermann ganz oder teilweise erhaltenen bzw. restaurierten und rekonstruierten Orgeln befinden sich in Marmoutier (1710), Straßburg (Münster, 1716), Altdorf (1730) und Ebersmünster (1732).

Eine anmutige Augenweide ist das um 1770 von Joseph Christian d. J. geschnitzte Chorgestühl der Klosterkirche in Marmoutier

30 Instrumente dieses überragenden Orgelbauers, das weitgehend unverändert die Zeiten überdauert hat. Lediglich 1955 wurde die Orgel sachgerecht restauriert. Sie ist jeden Sonntag in der Messe um 10 Uhr zu hören. Im Mai und Juni sind diese **Messes à l'abbatiale** musikalisch besonders anspruchsvoll, ebenso wie die Konzerte jeden Sonntag im Juli und August um 17 Uhr.

Im **Centre Européen de l'Orgue – Flûtes du Monde** (50, rue du Convent, April–Sept. tgl. 14–17 Uhr, Okt.–März Sa/So 14–17 Uhr) in den Gewölben der ehem. Abteikellerei können Besucher Orgeln und Flöten aus aller Welt sehen, hören oder spielen und Interessantes über die Geschichte der Instrumente erfahren.

Nicht versäumen sollte man einen Besuch des Heimatmuseums **Musée d'Arts et Traditions Populaires** (6, rue du Général Leclerc, Tel. 03 88 71 46 84, Mai–Okt. So/ Fei 10–12 und 14–18 Uhr), untergebracht in einem repräsentativen Fachwerkhaus von 1590. Liebevoll detaillierte wie sachkundige Führungen informieren über das tägliche Leben und die handwerklichen Tätigkeiten vergangener Zeiten.

Eine spezielle Abteilung widmet sich dem elsässischen Landjudentum. Das Obergeschoss des Hauses diente zeitweise als Synagoge, im Hinterhaus hat sich das jüdische Ritualbad (*Mikwe*) erhalten.

Couvent de Reinacker

Nur wenige Kilometer östlich verdient bei Reutenbourg die **Wallfahrtskapelle Reinacker** Beachtung. Wohl schon seit dem 9. Jh. ist sie das Ziel von Pilgern. Die heute von Franziskanerinnen bewirtschaftete Anlage stammt größtenteils aus dem 15. Jh. Bemerkenswert sind die schönen Kapitelle und Skulpturen aus dieser Zeit in der kleinen, dreischiffigen Hallenkirche.

🛈 Praktische Hinweise

Information

Office de Tourisme, 1, rue du Général Leclerc, Marmoutier, Tel. 03 88 71 46 84, www.paysdemarmoutier.eu

Hotel

Au Chasseur, 7, rue de l'Eglise, Birkenwald, Tel. 03 88 70 61 32, www.chasseurbirkenwald.com. Angenehmes Hotel, 9 km südlich von Marmoutier gegenüber dem 1562 erbauten Schloss gelegen, mit Wellness-Oase, Garten, schöner Aussicht und landestypischer Küche.

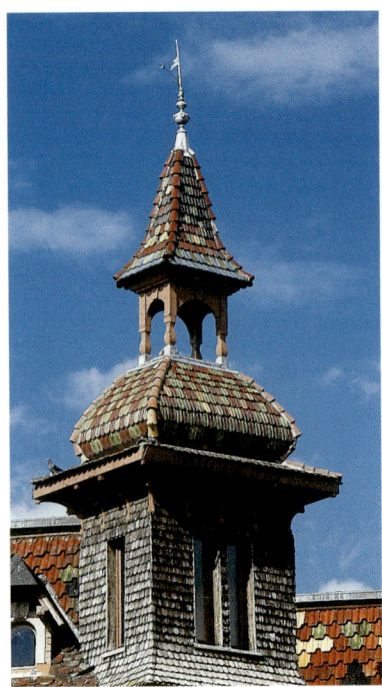

Den pittoresken Reiz verdankt Wasselonne auch seinen bunten Schindeldächern

22 Rocher de Dabo

Der Felsen, auf dem im 11. Jh. ein Papst geboren wurde.

Von Marmoutier sind es auf vielfach gewundenen Straßen knapp 30 km nach Westen zum bereits lothringischen *Rocher de Dabo*, dem mit 587 m höchsten Berg dieses Teils der Vogesen. Die Aussicht ist beeindruckend, die Lage in dem waldbestandenen Tal geradezu romantisch. Auf dem Postament des tischförmigen **Sandsteinfelsens** erhebt sich an der Stelle des nicht mehr vorhandenen Schlosses der Familie von Dabo oder Dagsburg heute eine **Kapelle**, die dem prominentesten Spross dieses Geschlechtes gewidmet ist: Hier wurde im Jahre 1002 **Bruno von Egisheim-Dagsburg** geboren, der spätere Bischof von Toul, der als Papst Leo IX. in die Kirchengeschichte einging und schon kurz nach seinem Tod 1054 als Heiliger verehrt wurde.

Wangenbourg

Die Region um den Dabo ist ein ergiebiges und reizvolles **Wandergebiet**. An Sehenswürdigkeiten sind vor allem östlich die stolze *Wangenbourg* mit ihrem fünfeckigen Bergfried aus dem 14. Jh. zu nennen, die der Äbtissin von Andlau gehörte, sowie die benachbarte Ruine des 1408 zerstörten *Freudeneck*.

Obersteigen

Zwischen dem Dabo und der Wangenbourg lohnt die bemerkenswert schöne frühgotische **Kapelle** in Obersteigen einen Besuch, einem Ort, der ansonsten nur aus wenigen Ferienhäusern und Hotels besteht.

Die Kapelle war Teil eines um 1220 gegründeten Klosters der *Fratres Hospitalis de Steiga* (Steigerherren). Die Kongregation wurde 1483 aufgelöst, worauf bis 1507 Dominikanerinnen, später Augustinerchorherren hier lebten und wirkten. Im 19. Jh. wurden die Reste der Anlage liebevoll restauriert. Typisch für den ›Übergangsstil‹ zwischen Romanik und Gotik sind Bandrippen, Schaftringe und Birnstabprofile an Gewölben und Pfeilern.

Wasselonne/Wasselnheim

Die Bischöfe von Straßburg bauten Wasselonne an den östlichen Ausläufern der Vogesen zur **Festung** aus. Ihr Schloss und die Befestigungsanlagen aus dem 17. Jh. sind nur teilweise erhalten. Die kleine Ortschaft war ursprünglich eine fränkische Gründung, wurde aber nach der Reformation ein mächtiger Stützpunkt des evangelischen Glaubens. Für die 1745–57 errichtete **evangelische Kirche** erstand die Gemeinde eine 1745 datierte **Silbermann-Orgel** aus Gebweiler.

i Praktische Hinweise

Information

Office de Tourisme Intercommunal La Suisse d'Alsace, 32 A, Rue du Général de Gaulle, Wangenbourg-Engenthal, Tel. 03 88 87 33 50, www.suisse-alsace.com

Hotels

Au Saumon, Wasselonne, 69, rue du Général de Gaulle, Tel. 03 88 87 01 83, www.saumon-wasselonne.com. Hotel wie Küche sind preiswert und gut (So und Di abend sowie Mi geschl.).

Hostellerie Belle Vue, 16, route du Dabo, Obersteigen, Tel. 03 88 87 32 39, www.hostellerie-belle-vue.com. Komfortable Bleibe mit Schwimmbad, Park und vorzüglichem Restaurant.

Strasbourg – eine europäische Metropole

Die größten und wichtigsten Städte am Oberrhein – Basel, Freiburg und Straßburg – gehören unterschiedlichen Staaten an. Doch sie haben eine Menge gemeinsam: Liebenswürdiger, kleinstädtischer Charme paart sich mit kosmopolitischer Offenheit. Allen drei Städten blieb ein bemerkenswertes **historisches Stadtbild** erhalten. Architektonisch und stilistisch Vergleichbares erinnert ebenso an den gemeinsamen **kulturellen Hintergrund** wie der alemannische Dialekt.

Dabei ist Straßburg alt und jugendlich zugleich, administratives und wirtschaftliches **Zentrum** sowie wichtiges Dienstleistungszentrum. Die Stadt verfügt über ein bemerkenswertes kulturelles Angebot, über Hochschulen und Museen von überregionalem Rang. Sie erfreut sich einer reizvollen, für den Tourismus attraktiven Umgebung und ihre Stadtsilhouette wird dominiert vom gewaltigen **Münster Unserer Lieben Frau** mit seinem 142 m hohen Turm.

Straßburg, die **Hauptstadt** des *Département Bas-Rhin*, ist mit fast 280 000 Einwohnern (Großraum 450 000) die größte unter diesen oberrheinischen Städten. Dass ausgerechnet sie, die vielfach gebeutelte Grenzstadt zwischen Frankreich und Deutschland, zum Sitz von **Europarat** und **Europäischem Parlament** erwählt wurde, ist ein hoffnungsträchtiges Zeichen. Es steht für das neue Bewusstsein einer Zusammengehörigkeit, die nicht auf Nivellierung aus ist, vielmehr Identität und Gemeinsamkeit aus dem Erbe von Vielfalt und Verschiedenheit gewinnt.

23 Strasbourg
Straßburg

Brennpunkt elsässischer Geschichte.

Die wechselhafte Geschichte des Elsass, die im Guten wie im Schlechten mit den beiden großen zentraleuropäischen Nationen verbunden ist, erscheint in Straßburg wie in einem Brennglas zusammengefasst.

Geschichte   Frühe menschliche Spuren aus grauer Vorzeit fanden sich im nahen Schiltigheim und im Straßburger Vorort Königshofen.

Der Name ›Straßburg‹ begegnet erstmals 580 bei Gregor von Tours als **Strateburgum** und verweist auf einen befestigten Ort an verkehrstechnisch wichtiger Stelle. Zwischen zwei uralten Handelsstraßen bildete die Ill im verzweigten Stromsystem der Rheinebene eine trefflich zur Befestigung geeignete Insel. Die

Ill aber hieß in keltischer Zeit ›Argens‹ und hiervon leitet sich der ältere, von den Römern übernommene Name der Stadt ab: **Argentorate** bedeutet demnach so viel wie ›Befestigung inmitten des Wassers‹. Aus dem ›Castrum‹ entwickelte sich bald eine blühende Stadt. Das auf zwei Seiten durch Ill-Arme umgrenzte Rechteck des antiken Militärlagers war durch die folgenden Eckpunkte bestimmt: Place Kléber, Pont du Teâtre, Pont St-Guillaume und Pont du Corbeau. Auf dem restlichen Insel-Terrain entwickelte sich die zivile Siedlung. Nachdem 260 n. Chr. der Limes aufgegeben worden war, gewann Straßburg, nun als Grenzstadt, neue strategische Bedeutung. Erst 406/7 gaben die Römer auch die Rheingrenze auf und zogen sich in den sonnigen Süden zurück.

Ein 410 eingerichteter Grafensitz vermochte die Stadt nicht zu schützen, 451 ließ Attila sie in Flammen aufgehen. Mit der **Frankenherrschaft** stabilisierte sich

496 die Lage. Straßburg und sein Umland wurden zu beliebten Aufenthaltsorten der Merowingerkönige.

Das **Christentum** breitete sich seit dem 4. Jh. aus, der erste Bischof soll den Namen Amandus gehabt haben – seine Kirche stand möglicherweise dort, wo sich heute Alt-St.-Peter befindet. Mit der Etablierung eines Herzogssitzes um 640 avancierte Straßburg zur regionalen Hauptstadt. Übrigens entspricht die heutige Trennung zwischen den *Départements Bas-Rhin* und *Haut-Rhin,* der sog. ›gallische Landgraben‹ zwischen Sélestat und Colmar, ziemlich exakt der historischen Trennung zwischen den Machtbereichen des Straßburger und des Basler Bischofs.

Bei der Teilung des Karolingerreichs kam das Elsass zum Mittelreich Lotharingien, das jedoch bald seinerseits aufgeteilt wurde. Das Dokument jener Teilung, die berühmten **Straßburger Eide**, die 842 von Ludwig dem Deutschen und Karl dem Kahlen abgelegt wurden, gelten als die ältesten Sprachdenkmäler einer neuen Zeit. Sie waren nicht mehr in Latein abgefasst, sondern im (damals) modernen Deutsch und Französisch. 870 fiel das Elsass mit Straßburg an das Ostreich, das spätere ›Heilige Römische Reich deutscher Nation‹. Der eigentliche Machthaber aber blieb bis zum 12. Jh. der Bischof. Dann jedoch wurde das Streben des sich emanzipierenden wohlhabenden Bürgertums vom Kaiser durch die Erhebung Straßburgs zur **Freien Reichsstadt** bestärkt und bestätigt.

Eine kulturelle **Blütezeit** erlebte Straßburg unter den Staufern. Wirren und Konflikte zwischen Bürgerschaft und Bischof bestimmten das 13. Jh. Die Straßburger besiegten ihren Bischof 1262 in der Schlacht bei Hausbergen. Seither zog dieser es vor, in Zabern zu residieren [s. S. 37]. Er erkannte die Autonomie der Stadtregierung an und der Kaiser bestätigte die früheren Privilegien. Fortan nahm die **Bürgerschaft** den Bau des Münsters selbst in die Hand und gründete als städtische Bauhütte das ›Werk Unserer Lieben Frau‹.

Soziale Spannungen, die Entmachtung und Vertreibung des Adels, Judenpo-

Zu jeder Jahreszeit tummeln sich auf der Place de la Cathédrale Besucher aus aller Welt

grome, aber auch eine bemerkenswerte geistige und kulturelle Blüte markierten den Übergang vom Mittelalter zur Neuzeit. Der gelehrte Dominikaner Meister Eckhart predigte von 1313 bis 1323 in Straßburg seine freiheitlich pantheistische ›Theologie der Mystik‹. Die ›Ketzereien‹ des Mystikers bereiteten der Reformation ebenso den Boden wie die neue Technik des **Buchdrucks**, die Johannes Gutenberg seit 1440 in Straßburg einführte. Die Stadt wurde damit europaweit führend im Buchgewerbe. Humanisten und bedeutende Prediger machten von sich reden, Goldschmiedekunst und Wirkerei strahlten weithin aus.

So war denn der Boden für eine neue Zeit bereitet. Die Stadt wurde zu einer Hochburg der **Reformation** – 1538 fand hier Johann Calvin Zuflucht –, woran sich auch nach der Übernahme durch Frankreich nichts änderte. Freilich kamen nun auch wieder der Bischof und die Katholiken zu ihrem Recht: Vier Kardinäle aus der hochfürstlichen Familie Rohan residierten im 18. Jh. in Straßburg, nachdem General Louvois 1681 die Stadt erobert und der Vertrag von Rijswijk 1697 die Angliederung im Sinne der Réunions-Politik Ludwigs XIV. besiegelt hatte.

Höfische Architektur und Kunst aus Paris fanden Eingang, und auch fortifika-

torisch wurden neue Akzente gesetzt: Reste der großartigen Befestigungsanlagen sind erhalten geblieben, mit denen Vauban Straßburg ausgestattet hat.

Auch die **Französische Revolution** fand im freiheitsliebenden, weltoffenen, neuen Ideen immer aufgeschlossenen Straßburg rasch begeisterte Anhänger. Hier erklang erstmals die Marseillaise, und das Münster wurde zum ›Tempel der Vernunft‹ umfunktioniert. Der frühere Franziskanermönch Eulogius Schneider etablierte unter dem Motto von *Liberté, Egalité, Fraternité* ein gottlob nur kurzlebiges Schreckensregiment – 235 gotische Skulpturen fielen dem fundamentalistischen Bildersturm der Revolutionäre zum Opfer.

Unersetzliches ging auch 1870, im **Deutsch-Französischen Krieg**, verloren. Die Bestände des Museums für Malerei und Plastik und die der Stadtbibliothek wurden ein Opfer der Flammen. Von 1871 bis 1918 war Straßburg dann **Hauptstadt** des Reichslandes Elsass-Lothringen, 1918 wurde es wieder französisch, 1940 von den Nazis erobert, vier Jahre später von den Alliierten bombardiert und fiel im November desselben Jahres wieder an Frankreich. Heute ist die Stadt Sitz des **Europarats** und einer der Tagungsorte des **Europäischen Parlaments**.

Besichtigung Der folgende Rundgang beginnt beim Münster und verläuft innerhalb des von der Ill umschlossenen Altstadt-Areals im Uhrzeigersinn.

TOP TIPP

Cathédrale Notre-Dame/ Münster Unserer Lieben Frau ❶

Wer sich von der Place Gutenberg aus vorbei an Souvenirläden, knipsenden Touristen und duftenden Sauerkraut-Kaschemmen durch die Rue Mercier der Kathedrale (www.cathedrale-strasbourg. asso.fr, tgl. 7–11.20 und 12.35–19 Uhr; Mitte Juli–August tgl. 14 Uhr Führung in dt. Sprache) nähert, ist fasziniert von der gewaltig aufragenden **Fassade** mit ihrer im Abendlicht sandsteinrot glühenden ›Harfenbespannung‹, der berühmten Fensterrose, den drei wimpergbekrönten Figurenportalen und dem asymmetrisch aufragenden, 142 m hohen Turm, den zu besteigen sich lohnt. Von der in 66 m Höhe liegenden **Plattform** (April–Sept. tgl. 9–19.15 Uhr, im Sommer auch länger, Okt.–März tgl. 10–17.15 Uhr) ist die Aussicht über Straßburg grandios.

Der im Frauenhaus-Museum [s. S. 62] aufbewahrte sog. ›Riss B‹ belegt, dass ursprünglich eine zweitürmige Fassade vorgesehen war, wie sie dem Typus der französischen Kathedralen entsprach.

Der bestehende Bau ist – nach einem karolingischen und einem frühromanischen – der dritte an gleicher Stelle, im Osten romanisch begonnen, nach dem Brand von 1176 im Westen gotisch vollendet, mit Erwin von Steinbachs einzigartiger Fassade (1284–1318).

Der frühromanische Vorgänger, von dem Teile im östlichen Bereich des Münsters (Krypta) erhalten sind, hatte wohl Vorbildfunktion im Elsass. Gegen Ende des 14. Jh. fügte ein Meister aus der berühmten Parler-Familie zwischen die unvollendeten gotischen Türme ein blockhaftes drittes Geschoss, sodass die Fassade nun westwerkartig emporwuchs. Der Stilwandel gegenüber der filigranen Feinheit des 13. Jh. ist unübersehbar.

Wahrscheinlich war ein darüber aufragender Mittelturm geplant, doch nach einem abermaligen Planwechsel setzte ab 1399 der Ulmer Münsterbaumeister **Ulrich von Ensingen** einen der beiden ursprünglich vorgesehenen Türme auf die Fassade. Schlanke, durchsichtige Treppentürme begleiten an den Ecken dessen durchbrochenes Oktogon. Das Ganze hat Ulrichs Nachfolger, **Johann**

Überwältigend wirkt das Westportal des Münsters von der Krämergasse aus

Cathédrale Notre-Dame

A Westportale
B Engelspfeiler
C Uhrportal (Portail de l'Horloge)
D Astronomische Uhr
E Laurentiusportal

F Martinskapelle (Pfarrkapelle St-Laurent)
G Katharinenkapelle
H Johanneskapelle
I Andreaskapelle

0   10 m

Hültz aus Köln, mit einem eigenwillig aus kleinen Türmchen zusammengesetzten Helm bekrönt.

Besondere Aufmerksamkeit verdienen die zu einer großartigen Dreierkomposition verschmolzenen **Westportale [A]**. Ihr reiches, von der französischen Kathedralskulptur beeinflusstes Figurenprogramm wurde formal und inhaltlich vorbildlich für die deutsche Plastik nach 1300. Es vergegenwärtigt die gesamte Heilsgeschichte, zeigt links im Tympanon Szenen aus der Kindheit Jesu, in den Gewände Tugenden, die auf besiegten Lastern stehen, in der Mitte Propheten und Passionsszenen, Schöpfungsgeschichte, Ostern und Himmelfahrt, rechts die klugen und törichten Jungfrauen mit dem Himmlischen Bräutigam und seinem Gegenspieler, dem ›Fürsten der Welt‹. Der damit symbolisierten Polarität der Entscheidung zwischen Gut und Böse entspricht im Tympanon die Vision des Jüngsten Gerichtes. Die heilsgeschichtliche Utopie basiert auf den irdischen

Das Westportal des Münsters offenbart zahlreiche eindrucksvolle Details

Rhythmen der Monatsdarstellungen in der Sockelzone. Über dem Hauptportal hat Salomon auf dem Thron der Weisheit Platz genommen, begleitet von 12 Aposteln und 12 Löwen, die für die Stämme Israels stehen.

Das dreischiffige, makellos proportionierte **Innere** entspricht dem, was das Äußere ankündigt. Dem Querschnitt liegt ein gleichseitiges Dreieck zugrunde, die Proportionen sind also weniger steil als bei den französischen Kathedralen. Zur Vierung hin verdunkelt und verdichtet sich die helle, weite Leichtigkeit des gotischen Raums. Chor und Querschiff, auf den Fundamenten des 11. Jh. errichtet, zeigen noch romanische Formen. Mit der Einwölbung des Langhauses fand der Bau 1275 seine Vollendung.

Ein besonderer Schatz sind die **Glasmalereien**. Sie gehören zu den wenigen weitgehend vollständig erhaltenen Zyklen mittelalterlicher Glasfensterkunst. Sie sind, im Ganzen wie im Detail, von erlesener Qualität, ihr mystisches Glühen vermittelt einen einigermaßen originalen Eindruck des ursprünglichen Erscheinungsbildes hochgotischer Kathedralräume.

Da ist die Folge der Kaiserfenster im *nördlichen Seitenschiff* – die beiden westlichen Fenster enthalten noch romanische Scheiben –, dann die Reihe der Vorfahren Christi im Triforium, schließlich die Prozession der Päpste, Diakone, Krieger und Straßburger Bischöfe im Obergaden. Nicht alles ist original, manches das Ergebnis von Restaurierungen des 19. Jh., insgesamt aber ist der Eindruck einheitlich. Im *südlichen Obergaden* finden sich die weiblichen Pendants, heilige Frauen und Jungfrauen, im *südlichen Seitenschiff* Marien- und Christuszyklen.

Der *Westen* ist traditionsgemäß der Welt und der Apokalypse gewidmet. Im letzten Joch ist das Jüngste Gericht dargestellt, in den Fenstern des Westbaus anschließend Christus als Weltenrichter.

Die Rose des *nördlichen Querhausarmes* zeigt Grisaillen des 14. Jh. In den Rosen des *südlichen Querhausarmes* sind links Szenen des Alten Testamentes solchen des Neuen gegenübergestellt (1230–40). Die wunderbare *Fensterrose* im *Westen* hat einen Durchmesser von 15 m und ist mit Glasmalerei des 19. Jh. ausgefüllt. Einen vergleichsweise lauten Akzent setzt das 1956 entstandene Marienfenster von Max Ingrand im gegenüberliegenden Chorscheitel.

Von der Besichtigungstour erschöpft, lassen sich Jugendliche gern vor dem Münster nieder

Von der **Ausstattung** sind vor allem die 1484–85 von Hans Hammer geschaffene *Kanzel* erwähnenswert sowie die als ›Schwalbennest‹ an der Hochschiffwand angebrachte *Münsterorgel* von Andreas Silbermann. Die Tribüne entstand jedoch schon 1385 und der Orgelprospekt im 15. Jh. Ihn schmücken Figuren von Simson, einem Herold und einem ›Rohraffen‹, wobei die beiden letztgenannten vom Orgelspieltisch aus szenisch bewegt werden konnten. Gleichfalls besondere Aufmerksamkeit verdienen der *Taufstein* von Jodokus Dotzinger (1435) und an der Wand des linken Querschiffes die 1498 ursprünglich für den Friedhof von St. Thomas geschaffene *Ölberggruppe,* die seit 1667 im Münster steht.

Jedes Jahr zur Fronleichnamszeit werden die 14 kostbaren *Teppiche* aus dem 17. Jh. mit Szenen aus dem Marienleben ausgestellt, die einst Notre-Dame in Paris gehörten, 1739 jedoch vom Straßburger Domkapitel erworben wurden.

Von besonderem Interesse ist die staufische **Architektur** der beiden Querhausarme, die nach dem Brand von 1176 gebaut wurden. Durch die Einstellung je eines Mittelpfeilers entstanden zwei Zentralräume. Der Pfeiler des südlichen Querhausarms wurde – nachträglich – zum Träger eines einzigartigen Skulpturenprogramms. Dieser sog. **Engelspfeiler [B]** steht inhaltlich in enger Verbindung mit dem Süd- oder **Uhrportal [C]** (*Portail de l'Horloge*), dessen Figurenprogramm zwar

Kostbar verzierte Uhr an der Fassade des Querschiffs

saunen blasenden Engeln, den Auferstehenden und dem thronenden Christus auf das Jüngste Gericht. Der Platz vor dem Doppelportal diente im Mittelalter als Gerichtsstätte.

Zwischen den Portalen thront wie an der Westfassade der weise Richter Salomon, darüber Christus. An den Gewänden sind die berühmten Figuren von **Ecclesia** und **Synagoge** einander gegenübergestellt. Sie sind wie die Figuren der Tympana und die des Engelspfeilers 1230–35 entstandene Werke eines unbekannten, hoch begabten Meisters. Häufig wurde im Mittelalter die ›Verliererin‹ Synagoge mit zerbrochenem Stab und Binde über den Augen eher negativ, mitunter sogar ausgesprochen ›antisemitisch‹ stilisiert. Umso bemerkenswerter ist in Straßburg die melancholische Würde und Anmut, die die Verkörperung des Judentums ebenso auszeichnet wie ihre neutestamentliche Schwester Ecclesia.

Nicht fehlen darf ein Hinweis auf die 1547 von Bernhard Nonnenmacher, Hans Thomas Uhlberger (Gehäuse und Bekrönung), Konrad Dasypodius, David Wolkenstein (Mechanik) und Tobias Stimmer (Malerei) geschaffene, 1838–42 von Jean-Baptiste Schwilgué von Grund auf erneuerte, kunstvolle **Astronomische Uhr [D]**. Jeden Mittag um 12.30 Uhr lockt sie Scharen von Touristen an mit ihrer Prozession bewegter Figuren. Ab 12 Uhr ist hier wochentags auch ein kleiner Film über die Uhr und ihre Geschichte zu sehen.

in der Französischen Revolution weitgehend zerstört, jedoch in einem Stich von 1617 überliefert und im 19. Jh. entsprechend ergänzt wurde. Es bezieht sich wie der Pfeiler mit den Evangelisten, den Po-

Bildhauerische Vollendung des späten 15. Jh. zeigt die Kanzel aus hellem Sandstein

Auch der **nördliche Querhausarm** weist ein überaus bemerkenswertes Portal auf, das **Laurentiusportal [E]**. Es ist, von seinem südlichen Pendant denkbar verschieden, ein reiches, filigranes Meisterwerk spätgotischer Steinmetzkunst um 1500. Laurentius und andere Heilige sind zusammen mit der Szene der Anbetung der Heiligen Drei Könige unter einem Baldachin zu sehen.

Im **Kircheninnern** sei noch ein Blick in die Kapellen geworfen, die Chor und Querschiff flankieren. Da ist auf der Nordseite zunächst die ehem. **Martinskapelle [F]** (heutige Pfarrkapelle St-Laurent) mit ihrem wunderschönen Netzgewölbe und Glasfensterteilen, die aus der ehem. Dominikanerkirche stammen. Ihr südliches Gegenstück, die 1349 geweihte **Katharinenkapelle [G]**, enthält Skulpturen und Fenster aus dem 14. Jh.

Links vom Chor bildet die spätstaufische **Johanneskapelle [H]** den Sockel des darüberliegenden Kapitelsaals. Die Kapelle enthält zwei bedeutende Grabmäler: das des Bischofs Konrad von Lichtenberg († 1299) und das des Kanonikus Busang, das als Werk des Nikolaus Gerhaert signiert und 1464 datiert ist. Die südlich an den Chor angrenzende **Andreaskapelle [I]** ein kryptaartiger Raum aus dem 12. Jh. Darüber erhebt sich eine Sängertribüne mit kunstvoller Balustrade und lebensnah gestaltetem Bildnis eines Mannes (1493), möglicherweise des Künstlers Nicolaus von Hagenau. Erhalten geblieben sind zwei **Krypten** unter Chor und Vierung. Nicht mehr vorhanden ist dagegen der Lettner, von dem sich Teile im hiesigen Frauenhaus-Museum, aber auch im Metropolitan Museum in New York befinden.

Wichtige Profanbauten und Museen

Unter den mittelalterlichen Häusern am Münsterplatz, der *Place de la Cathédrale*, ist die prachtvolle **Maison Kammerzell** ❷ nicht zu übersehen. Das nach einem Besitzer im 19. Jh. benannte, mehrmals restaurierte Fachwerkhaus wurde an städtebaulich exponierter Stelle 1589 von dem Kaufmann Martin Braun auf dem Erdgeschoss von 1467 errichtet. Es ist reich mit Motiven des Tierkreises, der fünf Sinne, der Lebensalter, diverser Helden sowie Allegorien der Tugenden verziert. Das Haus beherbergt heute ein viel besuchtes Restaurant. Man beachte an der Place de la Cathédrale auch die Häuser Nr. 9 ›Zum Külen Luft‹, Nr. 10 ›Pharmacie du

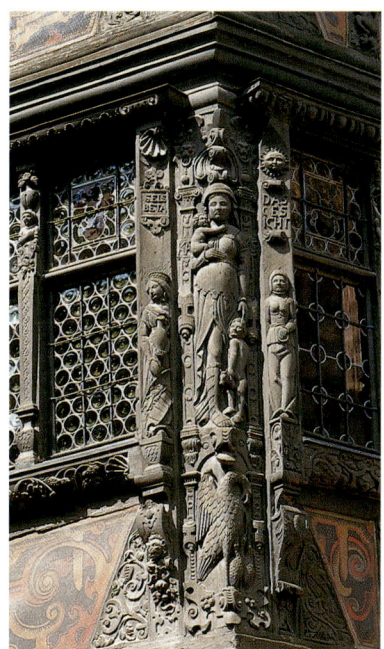

Mittelalterliche Liebe zum Detail offenbart die eigenwillig, doch reich geschmückte Maison Kammerzell

Cerf‹ mit dem Erdgeschoss aus dem 15. Jh. sowie Nr. 22–24.

Im Süden, zwischen Münster, Place du Château und Ill, öffnet sich der Ehrenhof des mächtigen **Palais Rohan** ❸, der 1732–42 nach Plänen des königlichen Architekten Robert de Cotte (1656–1735) von Joseph Massol erbauten Fürstbischöflichen Residenz. Das ganz nach Art eines französischen Palais *entre cour et jardin*, zwischen Vorplatz und Garten, konzipierte Schloss erhebt sich an der Stelle des mittelalterlichen Bischofspalastes. Sehenswert ist auch die Gartenfront an der Ill-Terrasse.

Höchst bemerkenswert sind der ebenso feine wie zurückhaltende skulpturale Schmuck der Fassade sowie die Ausstattung der Innenräume. Im Erdgeschoss und im rechten Seitenflügel sind die reichen Sammlungen des **Musée des Arts Décoratifs**, des Museums für Kunsthandwerk, untergebracht, das u. a. für seine Keramiksammlung geschätzt wird. Die Keller des Schlosses sind dem ausgezeichnet bestückten **Musée Archéologique** gewidmet. Der 1. und der 2. Stock beherbergen die Sammlung historischer Gemälde des **Musée des Beaux-Arts**, das

Hochkarätiges u. a. von Giotto, Botticelli, Goya und Delacroix bietet (alle Museen Mo, Mi–Fr 12–18, Sa/So 10–18 Uhr).

Ein weiteres bedeutendes Museum, dessen Name sich von der Münsterbauhütte ›Unserer Lieben Frau‹ herleitet, ist gleich nebenan das **Musée de l'Œuvre Notre-Dame** 4 (Di–Fr 12–18, Sa/So 10–18 Uhr), das **Frauenhaus-Museum**. Es ist die wichtigste Sammlung für die so außerordentlich fruchtbare und reiche Kunst des Mittelalters am Oberrhein und von daher für jeden, der sich mit der Kultur des Elsass befasst, ein absolutes ›Muss‹. Es gibt u. a. viele im Münster durch Repliken ersetzte Originalskulpturen zu bewundern. Die Gemäldesammlung enthält bedeutende Arbeiten von Konrad Witz und Hans Baldung Grien. Darüber hinaus ist aber auch die Architektur bemerkenswert. Im Kern gotisch, wurde das Gebäude in der Renaissance 1578–82 umgebaut und zeigt beachtenswerte räumliche und skulpturale Details.

Ein Haus weiter, an der Place du Château Nr. 5 befindet sich das Grafische Kabinett **Cabinet des Estampes et des Dessins** (nur nach vorheriger Anmeldung 03 88 52 50 08). Im selben Haus ist die **Bibliothèque des Musées** (Di, Mi, Fr, Sa 14–18, Do 14–21 Uhr) untergebracht.

In unmittelbarer Nähe von Rohan-Schloss und Frauenhaus führt der *Pont du Corbeau* über die Ill. Vor dem Übergang ist linker Hand an der *Place de la Grande-Boucherie* in der *Ancienne Boucherie,* dem ehem. Schlachthaus ›Metzig‹, einem 1586–88 entstandenen Bau von Hans Schoch, das **Musée Historique** 5 (2, rue du Vieux Marché aux Poissons, Di–Fr 12–18, Sa/So 10–18 Uhr) untergebracht. Es vermittelt einen lebendigen Überblick über die Stadtgeschichte Straßburgs. Besonders eindrucksvoll ist das prachtvolle Stadtmodell von 1725–27.

Gegenüber in der **Ancienne Douane** 6, dem mittelalterlichen ›Kaufhüs‹, befand sich lange Zeit das Musée d'Art Moderne, heute ist der Bau in der 1a, Rue du Vieux-Marché-aux-Poissons für *Wechselausstellungen* reserviert.

Jenseits der Ill, dem ›Kaufhüs‹ unmittelbar gegenüber, ergänzt am Quai St-Nicolas 23–25 das Heimatmuseum **Musée Alsacien** 7 (Mo, Mi–Fr 12–18 Uhr, Sa/So 10–18 Uhr) das reiche Straßburger Museumsspektrum. Es präsentiert anschaulich Sammlungen zu Volkskunst und Volkskunde. Themen sind Weinbau, Handwerk, Textilien, Spielzeug, Apotheke, Bauernstube, jüdische Kultgegenstände sowie Erinnerungsstücke an den in Straßburg geborenen Seelsorger und Reformpädagogen Johann Friedrich Oberlin.

Zwischen *Universität* und *Botanischem Garten* liegt im Osten der Stadt am Boulevard de la Victoire das zweistöckige **Musée Zoologique** 8 (Tel. 03 68 85 04 85, Mo, Mi–Fr 12–18, Sa/So 10–12 Uhr). Es ist,

Die gemächlich um die Altstadt fließende Ill lässt kaum ahnen, dass Straßburg den zweitgrößten Binnenhafen Frankreichs besitzt

St-Thomas kann sich rühmen, die einzige gotische Hallenkirche des Elsass zu sein

nach Paris, das bedeutendste Museum seiner Art in Frankreich mit Exponaten von den Anden bis zur Arktis.

St-Thomas und La Petite France

Es lohnt sich, auf dem Weg vom Münster nach Westen in den zahllosen kleinen und größeren Altstadtgassen nach sehenswerten Fachwerkhäusern Ausschau zu halten. Immer neue Details und reizvolle Ensembles werden ins Blickfeld treten. Zunächst erreicht man die großzügig angelegte **Place Gutenberg** ❾ mit der Statue des großen Erfinders von David d'Angers (1840). Dort interessiert vor allem die **Chambre de Commerce**, der sog. ›Neue Bau‹. Er wurde 1582–85 von Hans Schoch als Rathaus erbaut. In der Französischen Revolution stürmte ihn die Bevölkerung, danach wurde der mächtige Dreiflügelbau zur Handelskammer umfunktioniert. Seine strenge, klar proportionierte Fassade gehört zum Besten, was die Profanarchitektur jener Zeit hervorgebracht hat.

Die Rue des Serruriers quert die Route de la Division Leclerc und führt zu **St-Thomas** ❿, (Mai–Okt. tgl. 10–12 und 14–18 Uhr, Febr.–April und Nov./Dez. bis 17 Uhr) der nach dem Münster größten Kirche der Stadt. Ihre Ursprünge gehen

auf das 7. Jh. zurück, die heutige Kirche ist die dritte an gleicher Stelle, 1196 nach einem Stadtbrand errichtet. Aus dieser Zeit stammt noch die wehrhaft-wuchtige Fassade mit ihrem Mittelturm. Querhaus und Chor stammen aus den Jahren 1270–73, das 2. Turmgeschoss entstand 1366. Das ursprünglich dreischiffige Langhaus wurde nach 1300 zur fünfschiffigen Halle erweitert und gotisch eingewölbt. Ein Vierungsturm kam 1348 hinzu, Kapellen wurden im 15./16. Jh. angefügt.

Neben einigen qualitätvollen Bauskulpturen um 1235, Resten von Glasmalerei aus dem 14. Jh., Altar und Silbermann-Orgel aus den 40er-Jahren des 18. Jh. sind vor allem zahlreiche Grabmäler zu erwähnen. Darunter sind u.a. in der Sakristei der um 1130 entstandene Sarkophag des Gründer-Bischofs Adeloch (768–823), im nördlichen Querhaus das Grabmal des ›Narrenschiff‹-Autors Sebastian Brant (um 1458–1521) und das des Pädagogen Johann Friedrich Oberlin (1740–1826).

Blickpunkt aber ist das früher als monströs geschmähte, heute von den Kunsthistorikern als Hauptwerk der französischen Sepulkralkunst des 18. Jh. gepriesene Prunkgrab des königlichen Generalfeldmarschalls Moritz von Sachsen, **Mausolée du Maréchal de Saxe.** Der 1696 in Goslar geborene Sohn Augusts des Starken und der Gräfin Aurora von Königs-

Ein Denkmal von Johannes Gutenberg, dem Erfinder der Buchdruckkunst, ziert den nach ihm benannten Platz

In munteren Scharen flanieren Touristen durch die malerischen Gassen von La Petite France

Löwe (Holland), Leopard (England) und Adler (Österreich) der steilen Pyramide zu Füßen, weinend entflieht ein Putto mit gelöschter Fackel, der Feldherr indes steigt todesmutig hinunter ins Grab. Verzweifelt sucht ihn eine mäßig bekleidete Frau (Frankreich) zurückzuhalten, doch es hilft nichts: Schon lüpft der Tod den Sargdeckel und Herkules versinkt in brütende Traurigkeit.

Von St-Thomas sind es nur ein paar Schritte ins kanaldurchzogene Gerberviertel. Dieses **Quartier des Tanneurs** liegt rings um die alte Rue du Bain-aux-Plantes (Pflanzbad). Wahre Heerscharen von Touristen besuchen hier **La Petite France** 🔟🔟 mit seinen zahlreichen malerischen Winkeln, mit alten Mühlen und reizvollen Brücken, aufwendigen und einfacheren, aber allemal pittoresken Häusern, reich verzierten Balkonen, Galerien und Innenhöfen und nicht zuletzt zahlreichen hübschen Kneipen, die zur Einkehr laden.

Das Wasser, das sich in diesem elsässischen ›Klein-Venedig‹ verzweigt, strömt unter den **Ponts Couverts** 🔟🔟 herbei. Diese gedeckten Brücken überspannen die vier Arme der Ill mit ihren vier Türmen, die noch auf die Stadtbefestigung von 1228 und 1334 zurückgehen.

Westlich dahinter wurde 1686–1700 die **Grande Écluse** 🔟🔟 (*Barrage Vauban* oder *Vauban-Schleuse*) errichtet, um das veraltete Befestigungssystem zu modernisieren. Von der Terrasse, die 1967 über dem

marck hatte sich im österreichischen Erbfolgekrieg als französischer Feldherr verdient gemacht. Nach seinem Tod 1750 bestellte Ludwig XV. höchstpersönlich ein Grabmonument beim damals bedeutendsten Bildhauer der Hauptstadt, Jean-Baptiste Pigalle.

Interessant ist die ausgesprochen dramatische *Ikonographie*: Besiegt liegen

Die Ponts couverts werden flankiert vom Heinrichs- und vom Hans-von-Altenheim-Turm

lang gestreckten, 1870 erhöhten Bau angelegt wurde, hat man einen faszinierenden und übersichtlichen *Blick* auf das historische Stadtzentrum.

Jenseits der Ill wurde 1998 das nach Plänen des Straßburger Architekten Adrien Fainsilber erbaute, sowohl wegen seiner Sammlungen als auch seiner architektonischen Konzeption höchst bemerkenswerte **Musée d'Art Moderne et Contemporain** **14** (Tel. 03 88 23 31 31, Di, Mi, Fr 12–19, Do bis 21 Uhr, Sa/So 10–18 Uhr) eröffnet. Es bietet einen interessanten Überblick über die wichtigen Kunstströmungen vom 19. Jh. bis zur Gegenwart und berücksichtigt auch die Beiträge Straßburger Künstler wie Hans Arp (1887–1966) und dessen Frau Sophie Taeuber-Arp (1889–1943).

St-Pierre-le-Vieux und Place Kléber

Bei der Vauban-Schleuse teilt sich die Ill. Im Norden umgrenzt die künstlich angelegte *Fossé du Faux Rempart* die Innenstadt. Folgt man dem Wasserlauf, so gelangt man zu einer der seltsamsten Kirchen der Stadt, dem Komplex von **St-Pierre-le-Vieux** **15** (Sa 14–16 Uhr). Alt-St.-Peter vereint zwei Gotteshäuser unter seinen Dächern. Die protestantische Gemeinde benutzt das ab 1381 erbaute, Anfang des 15. Jh. zur Grand'Rue hin erweiterte Schiff, die katholische einen 1866 im rechten Winkel anstelle des ursprünglichen Chores errichteten Neubau. Dieser wiederum ist seit 1914 nur noch ein Torso, denn damals wurde die Kirche wegen des Straßendurchbruchs um zwei Joche verkürzt. Der nicht mehr vorhandene romanische Peters-Chor war schon 1432 durch eine Mauer vom Schiff abgetrennt und 1455 von Jodokus Dotzinger in den Formen flamboyanter Spätgotik neu errichtet worden. 1683 hatte König Ludwig XIV. befohlen, ihn den Katholiken zu überlassen.

Man wird, nach derart krauser Baugeschichte, gewiss kein großes Raumerlebnis erwarten. Immerhin gibt es in der *protestantischen Kirche* einen schönen Lettner zu sehen und ein anmutiges Relief der Anna Selbdritt, beides aus dem 16. Jh. In der *katholischen Kirche* sind vier Holztafeln vom einstigen Hochaltar erhalten, die Veit Wagner 1501 gestaltete. Im Chor befinden sich expressive Passionstafeln eines um 1480 entstandenen Retabels sowie vier Auferstehungs-Darstellungen aus der Zeit um 1500.

Glanzstück von Jung-St.-Peter ist die prachtvolle Silbermann-Orgel von 1780

Im weiteren Verlauf des Spaziergangs entlang des Ill-Kanals lohnt ein Abstecher nach rechts, der Straßenbahnlinie folgend, zur **Place Kléber** **16**. Der Platz, lebendiges Stadtzentrum, wurde unter Ludwig XV. anstelle des mittelalterlichen Barfüßerplatzes angelegt. Er ist benannt nach dem 1753 in Straßburg geborenen, 1800 ermordeten General Jean-Baptiste Kléber, der in dem 1840 errichteten Denkmal von Philippe Grass nicht nur verewigt, sondern tatsächlich beigesetzt wurde.

Dominierendes Gebäude am Platz ist die **Aubette** **17**, die ehem. Hauptwache (1765–78). Sie war 1870 zerstört, später rekonstruiert und 1926–28 von Theo van Doesburg, Hans Arp und Sophie Taeuber-Arp im Sinne der holländischen Künstlergruppe De Stijl ausgestaltet worden. Dieses Kulturdokument zerstörten die Nazis als ›entartete Kunst‹. Eine Vorstellung geben Pläne und Modelle, die im Musée d'Art Moderne et Contemporain aufbewahrt werden.

Place Broglie, Place de la République und St-Pierre-le-Jeune

Von hier ist es nicht weit zur lang gestreckten **Place Broglie** 18. Die heutige Promenade war im Mittelalter Turnierplatz und Rossmarkt und geht wahrscheinlich bis auf die Römerzeit zurück. Hier finden sich Bauten unterschiedlichster Epochen und Stile: Haus Nr. 2 entstammt der Renaissance (1579), Nr. 1 dem Jugendstil (1900). Das *Stadttheater* von 1821 wurde 1872–75 nach einem Brand wieder errichtet.

Das majestätische *Hôtel du Préfet* in der benachbarten Rue Brûlée Nr. 19 beherbergte einst das *Hôtel de Klinglin*. Es wurde 1736 erbaut, zur gleichen Zeit wie das

Rouget de Lisle fasste den französischen Patriotismus des 18. Jh. in Worte

Das Lied der Freiheit

Wer weiß schon, dass die **Marseillaise**, das Kampflied der Französischen Revolution und heute französische Nationalhymne, nicht in Marseille, sondern im Elsass komponiert wurde? Der junge Stabsoffizier **Rouget de Lisle** dichtete und komponierte sie 1792 in Straßburg als Kampflied für die Rheinarmee. Als im selben Jahr die Bürger von Marseille eine Truppe von 500 Freiwilligen zur Unterstützung der **Revolution** nach Paris schickten, brachten sie das neue Lied in die Hauptstadt mit. Als es beim Einzug in die Metropole aus vollen Kehlen erscholl, war die Begeisterung grenzenlos. Wenig später wurde das Freiheitslied zur offiziellen **Nationalhymne** des ›neuen‹ Frankreich.

ursprüngliche Palais der Grafen von Hanau-Lichtenberg im Haus Nr. 9, das von 1806 bis in die Mitte der 1970er-Jahre als Rathaus diente. Seither befindet sich der Sitz der Stadtverwaltung im neuen ›Centre Administratif‹ im Süden der Stadt an der Place Étoile.

Jenseits des Ill-Kanals markiert die **Place de la République** 19 den Übergang zwischen Altstadt und Neustadt. Der Platz ist umgeben von historistischen Gebäuden wie dem ehem. ›Kaiserpalast‹ *Palais du Rhin* (1883–89, heute Büros), dem *Konservatorium* (1888–92) und der *Bibliothèque Nationale* (1889–94). Das Ganze war Teil einer ambitionierten, aber Torso gebliebenen städtebaulichen Initiative des Deutschen Kaiserreichs mit unverkennbarem Berliner Einschlag.

An den Platz grenzt auch die sog. *Villa Greiner*, in der Ende 2007 das **Musée Tomi Ungerer** 20 (2, avenue de la Marseillaise, Tel. 03 69 06 37 27, Mo, Mi–Fr 12–18, Sa/So 10–18 Uhr) neu eröffnet wurde. Das grafische Werk des vielseitigen, 1931 in Straßburg geborenen Künstlers wird hier mit rund 250 Originalen (z. B. Werbeplakaten, Zeichnungen aus Kinderbüchern und satirischen Blättern) präsentiert.

St-Pierre-le-Jeune 21 (April–Okt. So 14.30–18, Mo 13–18, Di–Sa 10.30–18 Uhr) Jung-St.-Peter genannt im Gegensatz zur älteren Kirche St-Pierre-le-Vieux, ist leicht zu finden, wenn man von der Place Broglie in die Rue de la Nuée Bleue einbiegt.

Die ehem. Stiftskirche geht auf eine irische Gründung des 7. Jh. zurück. Wieder handelt es sich beim heutigen Bau um die dritte Kirche an gleicher Stelle. Sie wurde 1250–1320 unter Bischof Konrad von Lichtenberg erbaut, 1360 fügte Wilhelm von Marburg südlich des Turmes die Johanneskapelle, 1491–94 Münsterbaumeister Hans Hammer die Trinitätskapelle als östliche Verlängerung des südlichen Seitenschiffs hinzu.

1524 wurde die Reformation eingeführt, 1681 gab Ludwig XIV. den Chor den Katholiken zurück. Eine Scheidemauer zwischen katholischem Chor und protestantischem Langhaus wurde errichtet und erst 1895, anlässlich der Rückgabe des Chors an die Protestanten und einer umfassenden Restaurierung, wieder entfernt. Damals entstand auch das in der Revolution zerstörte Figurenportal von Ferdinand Riedel neu.

Es ist vor allem die Fülle ihrer **Wandmalereien**, die die Kirche St-Pierre-le-Jeune zu einem Kleinod besonderer Art

Das als ›Kaiserpalast‹ 1883–89 erbaute Palais du Rhin beherrscht die Westseite der imposanten Place de la République

Ein teilweise aus dem 11. Jh. stammender, im 19. Jh. neogotisch ergänzter *Kreuzgang*, der *Lettner* vom Anfang des 14. Jh. mit vorzüglich renovierter Silbermann-Orgel (1707) und Retabel im Chor sowie Grabmäler und Epitaphien in Hülle und Fülle sind weitere Teile der Kostbarkeiten, die in Jung-St.-Peter zu finden sind. Interessant ist nicht zuletzt auch die **Architektur** selbst. Die ungewöhnliche Vierschiffigkeit schafft einen seltsamen, eigenartig schwebenden Raumeindruck. Der Bezug zum Kirchenpatron St. Peter und seiner römischen Grabeskirche wird durch ein auffallendes architektonisches Detail belegt: Das Querschiff befindet sich im Westen, nach der ›Anatomie‹ des kreuzförmigen Kirchengebäudes also ›unten‹. Dies war auch bei der (alten) römischen Peterskirche der Fall – eine Anspielung darauf, dass der Apostel aus Demut nicht auf die gleiche Weise wie sein Herr und Meister sterben wollte. Bekanntlich zog er es vor, sich mit dem Kopf nach unten kreuzigen zu lassen.

St-Etienne und St-Guillaume

Der Kreis schließt sich: Dort, wo der Kanal sich wieder mit der Ill verbindet, steht die *Stephanskirche* **St-Etienne** 22. Im 8. Jh. gehörte sie zu einem Frauenkloster. Um 1200 entstand ein Neubau, von dem Chor, Querhaus und Vierungsturm erhalten sind. In der Französischen Revolution wurde das Gotteshaus profaniert und zweckentfremdet, das Langhaus als Saal neu erbaut und abwechselnd als Lager,

macht. Immerhin bietet sie das heute seltene Erscheinungsbild eines völlig ausgemalten Raumes, wie er im Mittelalter die Regel war. Das reiche **Bildprogramm** zeigt u. a. eine Darstellung des Sturmes auf dem See Genezareth. Darunter sind die acht Seligpreisungen zu sehen. An der Westwand des südlichen Seitenschiffes findet sich ein ungewöhnliches Motiv: der Zug der – akribisch beschrifteten – Nationen zum Kreuz (wohl noch 13. Jh.).

Eines der bemerkenswerten Wandgemälde in St-Pierre-le-Jeune stellt ›Das Schiff Petri: Sturm auf dem See Genezareth‹ dar. Vorbild ist das zerstörte Mosaik ›Navicella‹ von Giotto aus der Peterskirche in Rom

Synagoge und Theater genutzt. Nach erheblichen Zerstörungen 1944 entstand das Gotteshaus 1961 in modernen Formen neu. Ein Besuch lohnt vor allem wegen der **Bildteppiche** mit Szenen aus dem Leben der hl. Attala und der hl. Odilia, die während der Regierungszeit der Äbtissin Klementine von Rathsamhausen (1438–60) in der klostereigenen Weberei entstanden. Außerdem birgt St-Etienne eine Beweinung Christi vom ehemaligen Fronaltar des Münsters, den Nicolaus von Hagenau um 1501 schuf.

Jenseits der Ill, in der Rue St-Guillaume, befindet sich die **Église St-Guillaume** ㉓, die ehem. *Wilhelmerkirche*. Sie wurde 1300–07 erbaut und dem süddeutschen Orden der Wilhelmiten überlassen. 1485 kam es zu einem Neubau, seit 1534 ist die Kirche protestantisch. Kostbarster Besitz sind die lichten Glasfenster aus dem 15. und 16. Jh., Werke des berühmten Peter Hemmel aus Andlau [s.S.8].

Das moderne Straßburg

Im äußeren Südosten der Stadt, wo der *Canal de la Marne au Rhin* das *Bassin de l'Ill* erreicht, liegt das 1972–77 erbaute **Palais de l'Europe** ㉔, der Sitz des Europarates (Besichtigung nach Voranmeldung Tel. 03 88 41 20 29, www.coe.int). Der massiv wirkende, neunstöckige Bau von Henry Bernard drückt architektonisch nicht gerade Offenheit und Transparenz aus. Sinnfälliger ist da schon die Zeltform des **Plenarsaals**, des größten in Europa, der ebenso wie das Palais nach Voranmeldung besichtigt werden kann. Nur wenige Schritte weiter im Nordosten bezog die Europäische Menschenrechtskommission 1996 das im Jahr zuvor nach Plänen von Sir Richard Rogers fertiggestellte **Palais des Droits de l'Homme** ㉕. Schräg gegenüber entstand nach Plänen eines internationalen Architektenteams der gigantische gläserne Neubau des Europäischen Parlaments, des **Parlement Européen** ㉖ (Allée du Printemps, Besichtigung nur für Gruppen nach Voranmeldung Tel. 03 88 17 40 01), reizvoll am Ill-Kanal gelegen, mit Spiegel-Effekten an der Fassade und Durchblick zum Münsterturm.

Auf der gegenüberliegenden Straßenseite der *Avenue de l'Europe* erstreckt sich die hübsche Gartenanlage der **Orangerie** ㉗ mit Teich, einem kleinen Zoo und Storchengehege. Wie der Park entstand auch das gleichnamige Lustschlösschen für die damalige Kaiserin Josephine anlässlich ihres Besuches Anfang des 19. Jh.

Die europäische Politik findet ihr merkantiles Gegenstück in dem ca. 1000 ha großen **Port Autonome de Strasbourg**, dem nach Paris zweitgrößten Binnenhafen Frankreichs. Die ausgedehnten Fracht-, Umschlag- und Zollanlagen können per Schiff von Juli bis August besichtigt werden (Tel. 03 88 84 13 13, www.strasbourg.port.fr, tgl. 14.30 Uhr, Dauer 2,5 Std.). Das älteste der 15 Hafenbecken, das **Bassin de l'Hôpital** ㉘, liegt im Süden der Straßburger Altstadt. Es ist umgeben von mehreren Universitätsgebäuden.

Weiter im Osten liegen am *Bassin de la Citadelle* die Reste der alten **Citadelle** ㉙, die in ihrem Kern von 1662–64 auf Vauban zurückgeht. Die Anlage wird heute als Park genutzt, in unmittelbarer Nähe befindet sich auch das seit 1962 entstandene Neubauviertel **Esplanade** ㉚, zu dem auch der neue Stadtregierungskomplex *Centre Administratif* gehört.

ℹ Praktische Hinweise

Information

Office de Tourisme, 17, place de la Cathédrale und Place de la Gare, Strasbourg, Tel. 03 88 52 28 28, www.otstrasbourg.fr

Weihnachtsmarkt

Seit dem Jahr 1570 findet in Straßburg der berühmte ›Christkindelsmärik‹ statt. Er ist der älteste Weihnachtsmarkt in Frankreich und zieht alljährlich Tausende von Besuchern an. An den Ständen auf dem Platz vor der Kathedrale wird hauptsächlich Kunsthandwerk und nostalgischer Weihnachtsschmuck verkauft (www.noel.strasbourg.eu)

Hotels

Baumann, 16, place de la Cathédrale, Strasbourg, Tel. 03 88 32 42 14, www.maison-kammerzell.com. Komfortable Unterkunft im wohl schönsten Fachwerkhaus Straßburgs (16. Jh.) mit vorzüglichem Restaurant.

Beaucour, 5, rue des Bouchers, Strasbourg, Tel. 03 88 76 72 00, www.hotel-beaucour.com. Komfortable Unterkunft in gepflegtem Ambiente nur wenige Schritte entfernt von der Kathedrale.

Couvent du Franciscain, 18, rue Faubourg-de-Pierre, Strasbourg, Tel. 03 88 32 93 93, www.hotel-franciscain.com. Preisgünstiges, zentral gelegenes Hotel ohne Restaurant.

Du Rhin, 7–8, place de la Gare, Strasbourg, Tel. 03 88 32 35 00, http://hotel-du-rhin.fr. Preiswerte, ordentliche Unterkunft in Bahnhofsnähe.

Régent Petite France, 5, rue des Moulins, Strasbourg, Tel. 03 88 76 43 43, www.regent-petite-france.com. Malerisch im Gerberviertel gelegenes Haus der Spitzenklasse mit Garten und Ausblick auf die Ill.

Restaurants

Au Crocodile, 10, rue de l'Outre, Strasbourg, Tel. 03 88 32 13 02, www.au-crocodile.com. Ein von Michelin mit zwei Sternen ausgezeichnetes Restaurant im Zentrum. Elegantes Ambiente, fantasievolle Küche (So/Mo geschl.).

TOP TIPP **Buerehiesel**, 4, parc de l'Orangerie, Strasbourg, Tel. 03 88 45 56 65, www.buerehiesel.fr. Das restaurierte Bauernhaus aus dem 17. Jh. beherbergt Straßburgs nobelstes Restaurant. Chefkoch Eric Westermann, Sohn des bisherigen Küchenmeisters Antoine Westermann (bis 2007) zelebriert hohe Kochkunst (So/Mo geschl.).

Maison des Tanneurs sog. ›**Gerwerstub**‹, 42, rue du Bain aux Plantes, Strasbourg, Tel. 03 88 32 79 70, www.maison-des-tanneurs.com. Historisches Haus am Ill-Ufer im pittoresken Gerberviertel, gute traditionelle Küche (So/Mo geschl.).

24 Eschau

Das ›Kloster der heiligen Weisheit‹.

Rund 12 km südlich von Straßburg bewahrt das hübsche Fachwerkdorf Eschau

Ein Glashaus, das sich sehen lassen kann – das Europäische Parlament in Straßburg

die Reste eines 770 gegründeten und im Bauernkrieg 1525 aufgehobenen *Benediktinerinnenklosters*. Die meisten Gebäude wurden 1822 abgebrochen, Teile des 1130 entstandenen Kreuzganges zeigt das Frauenhaus-Museum in Straßburg. ›In situ‹ erhalten blieb die typisch ottonische, den Heiligen Trophimus und Sophia geweihte Kirche, eine sechs Joch lange, flach gedeckte **Pfeilerbasilika** mit halbkugelig gewölbter, durch Blendarkaden und Lisenen gegliederter Apsis.

Im **Inneren** ist im nördlichen Querschiff der um 1300 geschaffene *Sarkophag* der hl. Sophia zu sehen, deren Reliquien die Stifter des Klosters, der Straßburger Bischof Remigius, aus Rom mitgebracht hatte. Eine qualitätvolle, um 1500 entstandene *Holzskulptur* interpretiert ›Sophia‹ als Weisheit und stellt sie mit ihren ›Kindern‹ Fides (Glaube), Spes (Hoffnung) und Caritas (Liebe) dar.

Erstein

Auf dem Firmengelände der französischen Würth-Filiale in Erstein, südlich von Eschau, öffnete im Januar 2008 das **Musée Würth** in einem imponierenden Glas-Beton-Bau seine Pforten (Rue Georges Besse, Tel. 03 88 64 74 84, www.musee-wurth.fr, Di–So 11–18 Uhr). Es zeigt in wechselnden Ausstellungen Gemälde sowie Skulpturen der mehr als 11 000 Werke umfassenden Sammlung moderner und zeitgenössischer Kunst des schwäbischen Unternehmers Reinhold Würth (u. a. Edvard Munch, Max Beckmann, René Magritte, Henry Moore, Georg Baselitz).

Die nördliche Weinstraße – Garten des Elsass

Die **Route des Vins** führt durch eine gesegnete, fruchtbare Hügellandschaft im Windschatten von bis zu 1400 m hoch aufragenden Bergen. Auf sonnigen Terrassen gedeihen köstliche Weine. Die Dörfer an den Hängen und Talausgängen sind größtenteils älter als die in der hochwassergefährdeten Ebene und in den jahrtausendelang unzugänglichen Bergen und somit meist reicher, was **Ortsbild** und – trotz Zerstörungen in vielen Kriegen – in erfreulicher Fülle erhaltene **Baudenkmäler** betrifft. Zumindest hat hier nicht in den 50er-Jahren des 20. Jh. die Keule des Wirtschaftswunders zugeschlagen, die laut UNESCO-Bestandsaufnahme mehr historische Substanz auf dem Gewissen hat als der Zweite Weltkrieg. Über Mangel an **Tourismus** braucht sich an der Weinstraße niemand zu beklagen, doch gibt es durchaus noch ›Geheimtipps‹ und die Möglichkeit, Entdeckungen zu machen – landschaftliche, historische, künstlerische und nicht zuletzt gastronomische.

Die elsässische Weinstraße führt von Marlenheim im Norden bis Thann im Süden. Die Gliederung dieses Kapitels orientiert sich an den **Flüssen**, die aus den Vogesen dem Rhein zuströmen. Ihr wichtigster ist hier die *Bruche* (Breusch). Von ihr aus erschließen Seitentäler die Berge. Weiter südlich markiert die *Liepvrette* (Leber), die bei Sélestat in die *Ill* mündet, den Verlauf der Grenze zwischen den *Départements Bas-Rhin* und *Haut-Rhin*.

25 Marlenheim

Früheste Erwähnung einer Kirche im Elsass.

›Offiziell‹ beginnt die *Route des Vins* in Marlenheim. Für Historiker ist der kleine Ort, in dem sich noch Häuser aus dem 16. Jh. erhalten haben, vor allem deswegen von Interesse, weil er 590 als **oratorium domus Mailigensis** bezeugt ist. Dies ist die älteste Nennung eines Gotteshauses im Elsass überhaupt.

Eine merowingische Pfalz ist nachgewiesen. Die ansonsten aus dem 17. Jh. stammende **Kirche** besitzt ein romanisches Portal aus dem 12. Jh., das Christus zwischen Petrus und Paulus zeigt. Den Dorfberg bekrönt eine **Kapelle der**

Das Château de Kintzheim ist der wildromantische Sitz einer Falknerei

14 **Nothelfer**. Sie wurde 1683 errichtet und 1772 samt dem Kreuzweg mit seinen sieben Stationen umgebaut.

i Praktische Hinweise

Information

Office de Tourisme, place du Kaufhaus, Marlenheim, Tel. 03 88 87 75 80, www.tourisme-marlenheim.fr (Mitte April– Mitte Sept.)

Hotels

Musculus, 2, rue Principale, Scharrachbergheim, Tel. 03 88 50 66 24, www.restaurant-musculus.fr. Unterkunft mit familiärer Atmosphäre, Gartenterrasse. Bodenständige Küche, eigener Wein (Restaurant Mo/Di und abends geschl.).

Relais de la Route du Vin, 1, place du Kaufhaus, Marlenheim, Tel. 03 88 87 50 05, www.relais.fr. Günstige Unterkunft und Küche (Mo geschl.).

Seit beinahe einem Jahrtausend trutzt die Avolsheimer Kirche Dompeter den Zeiten

26 Avolsheim

Ulrichskapelle und Dompeter.

In Avolsheim verdienen gleich zwei bedeutende Zeugnisse bodenständiger romanischer Baukunst Aufmerksamkeit.

Die zentral gelegene **Ulrichskapelle** gehört zu den ältesten Baudenkmälern im Elsass. Der ursprünglich auf vierpassförmigem Grundriss angelegte, an ein Baptisterium erinnernde Kuppelbau dürfte um 1000 entstanden sein. Leider hat man ihn im 18. Jh. verändert. Die nach außen schwingenden Kapellen wurden gekappt und rechteckig ummantelt, sodass der Grundriss heute außen einer einfachen Kreuzform entspricht. Der achtseitige Turm kam im 12. Jh. dazu.

Der seltsame Name **Dompeter** für die etwas außerhalb, südlich des Ortes erbaute Friedhofskirche bezieht sich auf den ›Herrn Petrus‹ (›dominus Petrus‹) oder sein Haus (›domus Petri‹) – eine passende Bezeichnung, denn Petrus verwahrt bekanntlich, siehe Relief über dem Südportal, die Himmelsschlüssel. Die dreischiffige Kirche mit ihren sechs Arkaden wirkt erdhaft und altertümlich. Der Bau dürfte ebenfalls um 1000 entstanden sein, nachweislich anstelle einer älteren,

karolingischen Anlage. Der massige Turm wurde nach einem Blitzschlag im 18. Jh. verändert. Damals setzte man das achteckige Obergeschoss auf und erweiterte die Langhausfenster. Das Westportal wurde aus verschiedenen Teilen neu zusammengesetzt, die dreiteilige Choranlage entstand in ihrer heutigen Form 1828.

27 Molsheim

Einstige Hochburg der Jesuiten.

Wo die Vogesen in die Ebene übergehen liegt seit gallo-römischer Zeit an dem Flüsschen Bruche die heute rund 7000 Einwohner zählende Stadt Molsheim. Sie war von alters her ein wichtiger Ort im Befestigungssystem der Straßburger Bischöfe gewesen. Teile der **Stadtmauer** sind noch erhalten. Eindrucksvoll ist vor allem das *Schmiedtor* aus dem 14. Jh., reizvoll auch die **Place de la Mairie** mit dem prächtigen Haus der Fleischer, der ›Alten Metzig‹ von 1554. Ca. 500 m Luftlinie entfernt findet man an der Place de la Monnaie die 1573 erbaute ›Alte Münze‹.

1525 spielte Molsheim eine wichtige Rolle im **Bauernkrieg**. Von hier brachen die Scharen des Erasmus Gerber auf, die wenig später in Zabern schmählich hintergangen wurden [s. S. 37]. Kurze Zeit später hatte die Reformation im wenig obrigkeitshörigen Elsass Fuß gefasst. Im Zeichen der Gegenreformation rief Fürstbischof Johann Graf von Manderscheid-Blankenheim die Jesuiten ins Land. 1580 begründeten sie ihr **Kolleg** in Molsheim. Es erhielt 1618 den Rang einer Universität, wurde jedoch 1702 mit der von Straßburg vereinigt.

Das Wirken der Jesuiten fand 1765, nach der Auflösung des Ordens, ein jähes **TOP TIPP** Ende. Vorher jedoch entstand 1614–18 die **Jesuitenkirche** (April–Okt. tgl. 10–12 und 14–18, Nov.–März 10.30–12 und 14.30 –16.30 Uhr) eine großartige, netzgewölbte Emporenbasilika, die im Wesentlichen gotisch zu sein scheint und doch in ihrer hellen Weite einen völlig anderen Raumcharakter aufweist. Mittelalterliche Architektur wird hier bewusst und programmatisch als ›vorreformatorische Kunst‹ zitiert. An wenigen Stellen, etwa den Kapellen an den östlichen Enden der Seitenschiffe, gibt sich der Bau als barock zu erkennen. Ein Dachreiter markiert die Vierung, ein schlanker Turm bewacht den westlichen Eingang.

Die ›Alte Metzig‹ beherbergte einst das öffentliche christliche Schlachthaus

Die Einweihung der dreischiffigen Basilika wurde 1618 mit aufwendigem Gepränge begangen. Die Stuckaturen, Malereien und Skulpturen gehören zu der bemerkenswerten Ausstattung, die man beim Besuch dieses einzigartigen Gotteshauses nicht übersehen sollte. Unter anderem entdeckt man dabei den ›Tod‹, der mit seiner Armbrust auf die Gläubigen zielt. Oder das Grabmal des Johann von Dürbheim, eines der vielleicht bedeutendsten Bischöfe von Straßburg des 14. Jh., sowie die 1781 entstandene und 1967 restaurierte **Orgel**, eines der letzten Werke des Silbermann-Sohnes Johann Andreas.

Frühbarocke Stuckaturen von Johannes Kuhn (1630) schmücken die Querhauskapellen der prächtigen Jesuitenkirche (Église Sainte-Trinité et-Saint-Georges) in Molsheim

Einmal im Jahr fließt aus dem Mutziger Brunnen kein Wasser, sondern Bier

Leider werden Bauwerke des 19. Jh. häufig bei Stadtführungen ›diskret‹ übergangen, obwohl die Kunst- und Architekturgeschichte mittlerweile den Historismus durchaus positiv bewertet. Man übersehe also die 1867 erbaute **Chapelle Notre Dame** nicht, die sich in direkter Nachbarschaft der Jesuitenkirche befindet, einen sehr eigentümlichen, an historische Doppelkapellen erinnernden zweischiffigen, zweigeschossigen Bau.

In der 1598 bis 1792 bestehenden *Kartause* im *Cour des Chartreux* am westlichen Stadtrand ist heute das **Musée de la Chartreuse et Fondation Bugatti** (Tel. 03 88 49 59 38, Mitte Juni–Mitte Sept. Mo/Mi–Fr 10–12 und 14–18 Uhr, Sa/So 14–17 Uhr, Mai–Mitte Juni und Mitte Sept.–Mitte Okt. Mi–Mo 14–17 Uhr) untergebracht. Es thematisiert neben dem 1909–63 in Molsheim gebauten Luxusauto Bugatti auch die regionale Archäologie, Stadtgeschichte und Volkskunde.

Mutzig/Mützig

Bekannt wurde Mutzig, 4 km westlich von Molsheim gelegen, in der Neuzeit vor allem durch das hier gebraute **Bier**. Diesem Umstand trägt die Bürgerschaft Rechnung, wenn aus dem *Renaissance-brunnen* auf dem Marktplatz am Morgen des ersten Sonntags im September der goldene Gerstensaft sprudelt.

Doch davon war noch nicht die Rede, als 1674 die Bischöfe von Straßburg das **Château des Rohan** errichten ließen, das in der Französischen Revolution zur Waffenfabrik zweckentfremdet wurde. Heute zeigt in dem dreiflügeligen Schloss das **Musée des Rohan** (39 rue du Château, Tel. 03 88 38 31 98, Sa/So 14–18 Uhr) seine reiche Waffensammlung. Zu sehen sind u.a. Rüstungen, Militärhauben und Feuerwaffen. Nördlich über der Stadt thront das **Fort de Mutzig** (Tel. 06 08 84 17 42, www.fort-mutzig.eu, Führungen April–Okt. tgl. 13.30 Uhr, Sa/So auch 14.30 Uhr, Juli–Mitte Sept. tgl. 10.30, 13.30 und 14.30 Uhr, März, Nov./Dez. Sa/So 13.30 Uhr; Dauer 2,5 Std., viele Treppen). Die 1893–1918 erbaute gewaltige Feste Kaiser Wilhelms II. wurde vorbildlich restauriert und zeigt z.T. im Innern die originale Ausstattung.

ℹ️ Praktische Hinweise

Information

Office de Tourisme Région Molsheim–Mutzig, 19, Place de l'Hôtel de Ville, Molsheim, Tel. 03 88 38 11 61, www.ot-molsheim-mutzig.com

Hotels

Diana, 14 rue Ste-Odile, Pont de la Bruche, Molsheim, Tel. 03 88 38 51 59, www.hotel-diana.com. Komfortables, modernes Hotel mit Spa und gepflegtem Restaurant (So abend geschl.).

L'Ours de Mutzig, Place de la Fontaine, Mutzig, Tel. 03 88 47 85 55, www.loursdemutzig.com. Familienfreundliche Unterkunft und erfreuliche Küche.

Le Bugatti, Rue de la Commanderie, Molsheim, Tel. 03 88 49 89 00, www.hotel-le-bugatti.com. Elegant gestyltes, modernes Hotel ohne Restaurant.

28 Niederhaslach

Die Fenster des hl. Florentius.

Südlich von Molsheim führt die N 420 nach Westen in die Berge. Zu Recht ist die Strecke auf der Landkarte grün markiert – die Fahrt ist von großem **landschaftlichem Reiz**. Nach rund 12 km lohnt ein Abstecher nach rechts ins malerische Haseltal, nach Niederhaslach. Die ehem. **Florentiuskirche** ist heute Johannes

![Tympanon von St. Florentius]

Anschaulich schildern Reliefs im Tympanon von St. Florentius Szenen aus dem Leben des gleichnamigen Heiligen

Farbensprühende Akzente setzen die kunstvoll gestalteten Glasfenster in St. Florentius

dem Täufer geweiht. Doch der irische Missionar Florentius, der dieser einst wilden Gegend im 7. Jh. das Christentum brachte, ist deswegen keinesfalls vergessen. 1275 wurde die damalige Stiftskirche neu erbaut, 1287 durch Brand beschädigt, im 14. Jh. wieder hergestellt. Nach der beinahe vollständigen Zerstörung im Dreißigjährigen Krieg wurde die Kirche schließlich im 19. Jh. gründlich renoviert.

Bemerkenswert sind außen das steil proportionierte **Figurenportal** aus dem 14. Jh., im Inneren aber vor allem die hervorragend erhaltenen, wenn auch zum Teil im 19. Jh. heftig restaurierten **Glasmalereien**. Zwei stilistisch klar unterscheidbare Gruppen stehen einander gegenüber: im Chor Fenster vom Ende des 13. Jh., im Langhaus solche aus dem dritten Viertel des 14. Jh. Von erlesener Schönheit ist auch die **Rosette** des Westturms. Es ist bezeugt, dass in Niederhaslach mit einem gewissen **Gerlacus** ein 1329 verstorbener Sohn oder Enkel des großen Erwin von Steinbach gewirkt hat. Seine *Grabplatte* mit Inschrift und den Insignien Winkelmaß und Zirkel befindet sich rechts vom Chor in der Marienkapelle. Das dortige *Heilige Grab* stammt aus dem Jahr 1350, der barocke *Schrein* soll die Gebeine des hl. Florentius enthalten.

Château et Cascade du Nideck

Nach 6 km auf gewundener Straße nordwärts führt ein schöner, gut einstündiger Spaziergang vom Parkplatz an der D218 hinauf zur **Burgruine Nideck.** Schon Adalbert von Chamisso (1781–1838) beschrieb in seinem Gedicht ›Das Riesenspielzeug‹ »die Höhe, wo einst die Burg der Riesen stand«. Der Anblick der gigantischen Mauerreste auf dem 600 m hohen Fels begeistert nach wie vor, ebenso wie die herrliche **Fernsicht** von der Ruine. Vom unteren Burgturm kann man zum **Wasserfall** absteigen, der sich 25 m tief über eine Felswand in das dicht bewaldete Engtal stürzt. Auch der **Sentier des Géants** (www.commune-oberhaslach.fr), der bei Oberhaslach beginnt und mit modernen Skulpturen geschmückt ist, hat die *Riesen von Nideck*, die der Sage nach einst hier lebten, zum Thema.

29 Schirmeck

Städtchen im Vallée de la Bruche mit wichtigem Dokumentationszentrum.

Die N420 folgt dem landschaftlich reizvollen Tal der Bruche nach Westen in die bewaldeten Berge, ein beliebtes Wandergebiet. In Schirmeck ist die *Sprachgrenze*

Stück für Stück erobert der Wald sich Nideck, ›die Burg der Riesen‹, zurück

des Alemannischen erreicht: Westlich von hier spricht man französisch, östlich war alemannisches Sprachgebiet, diese Zäsur ist noch heute spürbar.

Schirmeck selbst war ein wichtiger Stützpunkt des Bischofs von Straßburg und darum befestigt. Davon zeugen noch die Reste der Burg auf dem **Côte du Château.** Mitte des 18. Jh. diente die Ruine als Steinbruch für den Bau einer Barockkirche im Ort. Doch blieb von ihr nur die Fassade erhalten, als das Gotteshaus 1876 erneuert wurde.

Etwa 10 Min. vom Zentrum thront das **Mémorial de l'Alsace Moselle** (Tel. 03 88 47 45 50, www.memorial-alsace-moselle.com, Di–So 10–18.30 Uhr) wie eine Sprungschanze am Hang. Die 2005 eröffnete Gedenkstätte dokumentiert mittels interaktiver Ausstellungen die Geschichte Elsass-Lothringens von 1870 bis zur Gegenwart. Besonders eindringlich illustriert sind die Ereignisse des Zweiten Weltkriegs und die im Zeichen der Aussöhnung stehenden Entwicklungen der Nachkriegszeit.

Struthof

Beklemmend werden die Schatten der Vergangenheit beim Besuch des 10 km südöstlich gelegenen Natzwiller-Struthof. Hier errichteten die Nazis 1940 das **Konzentrationslager Natzweiler.** Es fungierte als zentrales Sammellager der Region und wurde 1944 als erstes Lager Westeuropas von den Alliierten entdeckt. Seit 1960 ist der einstige Barackenkomplex Nationales Mahnmal. Während das **Museum Struthof** (Tel. 03 88 47 44 67, www.struthof.fr, März/Mitte April und Mitte Okt.–24. Dez. tgl. 9–17 Uhr, Mitte April–Mitte Okt. tgl. 9–18.30 Uhr. Chambre à gaz tgl. 10–12.45, 14–17 Uhr) die Geschichte des Lagers beleuchtet, ist die Gedenkstätte **Centre Européen du Résistant Déporté** vor allem den Märtyrern und Helden der Deportation gewidmet.

30 Donon

Grenzmarkierung und Heiligtum von alters her.

Von Schirmeck führt die D392 nach Nordwesten durch das reizende **Erzbergbachtal.** Der Name hält, was er verspricht. Hinter dem Straßendorf *Grandfontaine* lädt ein altes **Bergwerk** (Mines de Grandfontaine, Tel. 03 88 97 20 09, Juli/Aug. tgl.

Bewaldete Höhen so weit das Auge vom Gipfel des Donon reicht

14–18 Uhr, April–Juni, Sept.–15.Okt. nur Gruppen nach Vereinbarung) zur Besichtigung ein.

Der Aufstieg vom 727 m hoch gelegenen Donon-Pass, *Col de Donon*, zu den Granitblöcken des Donon, des mit 1009 m höchsten Berges der mittleren Vogesen, lohnt die Mühe. Hinreißend schön ist der **Blick** von der Kuppe sowohl hinunter in die Rheinebene als auch ins seenglitzernde Lothringen. Bei klarem Wetter sind die Berner Alpen zu sehen.

Der Donon war schon in vorgeschichtlicher Zeit befestigt und umkämpft. Reliefsteine, Stelen, originale und rekonstruierte Funde erinnern an die Anwesenheit von Kelten, Römern und christlichen Mönchen, die hier oben nach den legendären Gräbern der Merowingerkönige suchten, statt dessen aber Hinweise auf ›finsterstes‹ Heidentum fanden, auf Merkur und Jupiter. Der weithin sichtbare **Tempel** freilich ist nicht so alt, wie er zu sein vorgibt. Er wurde 1869 als Museum erbaut, doch hat man bereits im 18. Jh., später vor allem in den 30er-Jahren des 20. Jh. systematische Grabungen in diesem Gebiet durchgeführt.

Auch in jüngerer Zeit war der Gipfel in beiden Weltkriegen heftig umkämpft. Ein naher *Soldatenfriedhof* erinnert an jene unseligen Zeiten.

31 Rosheim

Kleinod der romanischen Architektur.

Sowohl was das Ortsbild als auch einzelne Baudenkmäler betrifft, nimmt Rosheim eine besondere Stellung unter den Städtchen der Weinstraße ein. Die Église **St-Pierre-et-St-Paul** zählt zu den reinsten und schönsten romanischen Kirchen des an solchen Bauwerken ohnehin nicht armen Elsass. Allerdings ist ihre Stilreinheit zumindest zum Teil das Resultat einer ziemlich rigorosen Purifizierung, die 1859 alle späteren Zutaten entfernte und Fehlendes ›romanisch‹ ergänzte. Schauseite ist die fein gegliederte südliche Flanke. Wahrzeichenhaft wirkt der 1385 begonnene, 1545 erhöhte achteckige Vierungsturm. Klar lässt sich die architektonische **Struktur** ablesen: dreischiffige Basilika, Querhaus, Chorquadrat, halbrunde Apsiden, im Inneren Wölbung und Stützenwechsel.

Alles ist edel proportioniert, vor allem am Außenbau reich instrumentiert und in der technischen Ausführung von bestechender Präzision. Ornamentale und figurative Details finden sich in bemerkenswerter Zahl und Qualität. Inhaltlich bleibt vieles rätselhaft, stilistisch sind Einflüsse aus Oberitalien unverkennbar.

Ein Schmuckstück des hübschen Rosheim ist die romanische Kirche St. Peter und Paul

Das Spektrum der Sehenswürdigkeiten dieser bemerkenswerten kleinen Stadt, die im 12. Jh. einer der wichtigsten Stützpunkte des Kaisers im bischöflichen Elsass und 1354 Gründungsmitglied der *Dekapolis* war, umfasst u.a. die Kirche **St-Etienne** mit breit gelagertem Saal vom Ende des 18. Jh. und romanischem Turm-

Sogar das Dach von St. Peter und Paul ist mit realistischen Steinfiguren liebevoll verziert

unterbau. Auch Reste der **Befestigung** mit drei Stadttoren sind erhalten, ein 1761 restaurierter **Marktbrunnen** von 1605 sowie das **Rathaus** von 1775 mit mittelalterlichem Turm. Das Stadtzentrum um die beiden Kirchen besticht durch schöne Fachwerkbauten und ein um 1200 erbautes romanisches Haus. Dieses sog. Heidenhaus, **Maison Païenne**, war wohl ursprünglich das Stadtpalais eines Ritters vom Odilienberg. Aus Stein gebaute Häuser waren im Mittelalter etwas durchaus Ungewöhnliches, der wehrhafte Charakter ist denn auch nicht zu übersehen. Der ursprüngliche Eingang befand sich im Obergeschoss und konnte nur über Leitern erreicht werden.

i Praktische Hinweise

Information

Office de Tourisme, 94, rue du Général de Gaulle, Rosheim, Tel. 03 88 50 75 38, www.rosheim.com

Hotel

La petite Auberge, 41, rue du Général de Gaulle, Rosheim, Tel. 03 88 50 40 60, www.petiteauberge.fr. Angenehme, preisgünstige Unterkunft mit Restaurant (Mi, Do abend geschl.).

Restaurant

Auberge du Cerf, 120, Rue du Général de Gaulle, Rosheim, Tel. 03 88 50 40 14. Gute und preiswerte elsässische Küche (So abend und Mo geschl.).

32 Obernai
Oberehnheim

Romantische Stadt des ›Pistolenweins‹.

Im Mittelalter gehörte Obernai dem Geschlecht der *Etichonen,* später dem Odilienkloster [Nr. 33].

Häufig machten hier Kaiser Station; der Staufer Friedrich II. verlieh Oberehnheim 1240 das *Stadtrecht.* Von einem seiner Nachfolger, Maximilian, wird folgende Anekdote berichtet: Der Kaiser besuchte 1516 die Stadt und lobte ihren köstlichen Wein, worauf man ihm antwortete: »Majestät, wir wissen, dass er gut ist. Wir haben aber noch besseren im Keller, doch den saufen wir selber.« Amüsiert über die freche Schlagfertigkeit verschenkte der Kaiser zwei Pistolen mit der Bemerkung: »Findet Ihr einen, der gröber ist als Ihr, so schenkt sie diesem.« Seither gibt es in Obernai einen vorzüglichen Wein, genannt **Pistolenwein**.

1246 eroberte der Bischof von Straßburg die Stadt und zerstörte die vormalige Burg, 1354 trat Obernai der *Dekapolis* bei. Ihre Befestigungen hielten manchem Anstrum stand, konnten aber schwere Zerstörungen im Dreißigjährigen Krieg nicht verhindern.

Der touristisch bedeutsame Ort hat sich viel von seinem altertümlichen Charme erhalten. Insbesondere der großzügige *Marktplatz* mit dem 1462 errichteten, 1523 umgebauten und 1604 mit einem Balkon versehenen **Rathaus** strahlt viel Atmosphäre aus. Mit dem 60 m hohen **Beffroi**, dem Turm der 1474 errichteten Kapellkirche, dem Kornhaus **Ancienne Halle aux Blés** von 1554 und dem aus dem Jahr 1554 stammenden ›Sechseimerbrunnen‹ **Puits aux Six Seaux** bildet der Platz ein reizvolles Ensemble.

Die Reformation konnte sich in der vermutlichen Geburtsstadt der hl. Odilie nicht durchsetzen, wohl nicht zuletzt wegen des hier geborenen, leidenschaftlich gegen die Reformation anpredigenden Franziskaners Thomas Murner (1469–1537).

Die katholische Kirche **St-Pierre-et-St-Paul** im Norden der Stadt ist ein neogotischer Bau, der aber Ausstattungsstücke seines spätgotischen Vorgängers bewahrt hat, so u.a. sehenswerte Fenster von Peter Hemmel aus Andlau (um 1480).

Der stimmungsvolle Marktplatz von Obernai versetzt Besucher geradewegs ins Mittelalter

Der Abbildung von sechs Eimern verdankt der zentrale Brunnen von Obernai seinen Namen

Nahebei haben sich diverse malerische Reste der **Stadtbefestigung** erhalten. In der Rue de Sélestat steht die 1876 im romanischen Stil erbaute **Synagoge**. Im 1940 von den Nazis besetzten Elsass haben sich zahlreiche Synagogen erhalten und künden von der einstigen – zum Teil heute wieder erstandenen – Bedeutung jüdischen Lebens im Elsass. Ein romanisches **Adelshaus** aus dem frühen 13. Jh. steht in der *Rue des Pèlerins 8* – wie der Name der Straße sagt, führt hier die Pilgerstraße zum Odilienberg.

Auf dem Weg von Obernai zum Odilienberg (D426) verdient die historische Waffenschmiede **Maison de la Manufacture d'armes blanches** (2, rue de l'École, Tel. 03 88 95 95 28, www.klingenthal.fr, Juni–Sept. Mi–Sa 14–18 Uhr, So/Fei 10–19 Uhr, übrige Zeit Mi–So 14–18 Uhr) in **Klingenthal** Beachtung sowie in **Ottrott** das faszinierende Freizeitareal **Les Naïades** (30, route de Klingenthal, Tel. 03 88 95 90 32, www.parclesnaiades.com, Febr.–Sept. tgl. 10–18.30 Uhr, Okt.–Jan. Mo–Sa 14–18, So/Fei 10–18 Uhr), das mit Aquarium, Museumsbauernhof und Streichelzoo lockt.

Praktische Hinweise

Information

Office de Tourisme, Place du Beffroi, Obernai, Tel. 03 88 95 64 13, www.obernai.fr

Hotels

La Diligence, 23, Place du Marché, Obernai, Tel. 03 88 95 55 69, www.hotel-diligence.com. Schönes, zentral gelegenes Hotel am historischen Marktplatz, ohne Restaurant.

Vosges, 5, place de la Gare, Obernai, Tel. 03 88 95 53 78, www.hotel-obernai. com. Preiswerte, angenehme Unterkunft mit Gartenwirtschaft (Restaurant So abend außer der Saison und Mo geschl.).

Restaurant

Cour des Tanneurs, ruelle du canal de l'Ehn, Obernai, Tel. 03 88 95 15 70. Freundliches Lokal mit vorzüglicher Küche (Di und Mi geschl.).

33 Mont Sainte-Odile
Odilienberg

Wallfahrt zur Patronin der Blinden.

Von alters her fühlte man sich auf Bergen sicherer als im Tal und obendrein dem Himmel näher. Der Mont Sainte-Odile, der **Heilige Berg des Elsass**, diente daher auch seit Urzeiten beidem, dem Schutz vor feindlichen Angriffen und der Verehrung höherer Mächte.

Eindrucksvoll legt die Heidenmauer Zeugnis ab für solide keltische Baukunst

Wunderschön und erhaben ist der Blick von Osten auf die Klosterkirche Mont Sainte-Odile

Überaus eindrucksvoll ist die sog. Heidenmauer, die **Mur Païen**, eine 10 km umfassende Ringmauer, deren angeblich prähistorisches Alter heute allerdings in Frage gestellt wird.

Die Römer benutzten den aufragenden Berg als natürliche Festung. Im Mittelalter entstand rund um das 764 m hohe Felsplateau mit seiner noch heute atemberaubenden **Fernsicht** ein Kranz von Burgen. Sie hatten die Aufgabe, die im 7. Jh. gegründete Abtei zu schützen, die nicht zuletzt von Frauen aus kaiserlicher Familie bewohnt wurde.

Die Gründung der Abtei geht zurück auf Odilia, die blinde Tochter des Herzogs Eticho, die um keinen Preis heiraten wollte. Das Wunder, dass sie durch die Taufe das Augenlicht erlangte – weswegen sie bis heute als Patronin gegen Augenleiden verehrt wird –, überzeugte auch den gestrengen Vater, der ihr die Hohenburg für ihre Klostergründung überließ. So zumindest berichtet es die Legende.

Das Nonnenkloster auf dem Vorgebirge entwickelte sich zu einem der wichtigsten politischen und geistigen Zentren der Region. 1167–95 wirkte hier Herrad von Landsberg als Äbtissin und verfasste ihren berühmten ›**Hortus Deliciarum**‹. Die gelehrte Zusammenschau von Bibeltexten und anderen Schriften ist als eine der bedeutendsten Enzyklopädien und als Quelle für mittelalterliche Bildvorstellungen bis heute von unschätzbarem Wert. Leider verbrannte die reich illustrierte Handschrift 1870 in Straßburg und ist nur in Teilkopien erhalten. 1546 verließen die Nonnen nach mehreren Feuersbrünsten endgültig das Kloster. Nach der Revolution wurde es Staatseigentum.

Sorgfältige, doch zurückgenommene Details zeichnen die romanische Kreuzkapelle aus

Mosaikgewölbe der Chapelle des Larmes (Tränenkapelle) auf dem alten Klosterfriedhof

1853 kaufte es der Bischof von Straßburg zurück und gab es in die Obhut Straßburger Nonnen der *Congrégation des Sœurs de la Croix*.

Heute kontrastiert die Abgeschiedenheit des Ortes scharf mit einem lebhaften Wallfahrts- und Touristenrummel. Die Wirren der Zeit sind am Odilienberg keineswegs spurlos vorübergegangen. Mittelalterliches ist nur noch teilweise vorhanden. Insbesondere verdienen die **Odilienkapelle** (11. Jh.) mit dem geschmückten Grab der um 720 verstorbenen Schutzheiligen des Elsass und die **Kreuzkapelle** aus dem 12. Jh. Beachtung. Beide befinden sich beim sog. *Odilienhof*, der 1853 anstelle des Kreuzganges errichtet wurde. Weiterhin fallen ein Relief mit thronender Madonna und Stifterinnen sowie ein Bildpfeiler mit figürlichen Reliefs aus dem 12. Jh. auf.

Wanderungen

Lohnend sind Spaziergänge in der waldreichen Umgebung zu den malerisch gelegenen *Ruinen* von sämtlich im Dreißigjährigen Krieg zerstörten Burgen in der Region. 20 Gehminuten vom Odilienberg entfernt liegt **Dreystein** aus dem 13./14. Jh. und fast nebenan das von der D426 aus in 5 Min. zu Fuß zu erreichende **Birkenfels**. Nördlich, bei Ottrott, locken die sog. Ottroter Schlösser **Ratsamhausen** und **Lützelburg** (12.–15. Jh.) auf dem Elsberg.

ℹ️ Praktische Hinweise

Information

Kloster Mont Ste-Odile, Tel. 03 88 95 80 53, www.mont-sainte-odile.com. Einfache Zimmer und Restaurant.

Restaurant

L'Ami Fritz, 8, rue des Châteaux, Ottrott-le-Haut, Tel. 03 88 95 80 81, www.amifritz.com. Ausflugs- und Schlemmerlokal mit Garten. Auch Fremdenzimmer mit schöner Aussicht (Restaurant Mi geschl.).

34 Andlau

Viel Weinbau, ein Glasmaler und eine heilige Kaiserin.

Der Name Andlau ist in die Kunstgeschichte eingegangen durch den um 1420 hier geborenen Peter Hemmel. Er war nicht nur ein hochbedeutender, künstlerisch wie technisch gleichermaßen brillanter Glaskünstler, sein erhaltenes Werk ist darüber hinaus das umfangreichste, das je von einem Glasmaler des Mittelalters bekannt wurde. In seinem Geburtsort sind allerdings keine Arbeiten von ihm erhalten. Die überaus erfolgreiche Werkstatt befand sich in Straßburg, wo Hemmel Bürger, Hausbesitzer und Ratsherr war und 1506 starb.

Wichtigste Sehenswürdigkeit ist in Andlau die **ehem. Abteikirche Ste-Richardis**, heute *St-Pierre-et-St-Paul* (tgl. 9–18 Uhr). Das Kloster, das sich wie Murbach und Weißenburg der cluniazensischen Reformbewegung angeschlossen hatte, war Ende des 9. Jh. von Richardis, der von ihrem Gatten verstoßenen und später heilig gesprochenen Gattin Kaiser Karls III. des Dicken, gegründet worden. Ihr Grab wurde zur **Wallfahrtsstätte**, entsprechend blühte die seit 1287 reichsunmittelbare Abtei auf. 1499 wurde sie in ein adliges Damenstift umgewandelt, in der Französischen Revolution schließlich aufgelöst. Älteste erhaltene Teile sind die beiden Räume der **Krypta** aus dem 11. Jh. Aus dieser Zeit stammt auch die Skulptur einer **Bärin**, die der Legende nach bei der Suche nach einer Zufluchtsstätte für die unglückliche Kaiserin behilflich war. Die Stelle, die das Tier durch Kratzen markiert haben soll, ist auf dem Boden noch deutlich zu erkennen.

Die über der Krypta befindliche Kirche wurde 1130 zur kreuzförmigen Basilika mit rechteckigem Chor umgestaltet. Erhalten ist hiervon lediglich der Westbau mit interessanten Skulpturen und Reliefs am Obergeschoss, die aber zum Teil nachträglich in der heutigen Form zusammengefügt wurden. 1160/61 erneuerte man die durch Brand zerstörten Ostteile. Das Langhaus wurde 1698–1704 als Emporenbasilika in Anlehnung an den romanischen Stil erbaut, ein weiteres höchst bemerkenswertes Beispiel frühen historischen Bemühens.

Die Frage nach Schuld und Sühne stellen die Reliefs im Westwerk von Ste-Richardis

Zu Recht sind die Einwohner von Andlau stolz auf ihr schmuckes Städtchen

Ausstattungsstücke haben sich aus dem 15. bis 18. Jh. erhalten. Besonders interessant ist eine Glasscheibe mit dem gekrönten Christus und zwölf Prophetenköpfen aus der Zeit um 1210. Die Glasmalerei war also in Andlau schon lange vor Peter Hemmel hoch entwickelt.

Im Ort gibt es reizvolle **alte Häuser**, u.a. ein 1623 datiertes Renaissancegebäude (15, Rue du Maréchal-Foch) und die vom Deutschordensbaumeister Bagnato 1777 neu errichteten Bauten der 1312 gegründeten **Komturei**.

Nicht zu übersehen ist auf der *Place du Marché* der schöne, um 1500 entstandene **Brunnen der hl. Richardis** mit der Figur der legendären Bärin. Des Weiteren gibt es die interessante **Friedhofskapelle** St. Andreas, deren Chorturm Freskenreste aus dem 14. Jh. aufweist.

Nur 2 bzw. 3 km nordwestlich liegen zwei gut erhaltene Burgruinen aus dem 14. Jh.: Schloss **Haut-Andlau** mit den beiden runden Bergfrieden war 1806 noch bewohnt. Bei der **Spesburg** verbinden sich harmonisch Wehrhaftigkeit und vergleichsweise aufwendiger Wohnkomfort, abzulesen an den schönen gotischen Fensterreihen des Palas.

Barr

Der Weg nach Andlau führt von Nordosten über Barr, ein reizvolles altes Städtchen, das – wie die meisten der Region – eine wechselhafte Geschichte mit vielen Zerstörungen und Neuanfängen aufweist. Einiges, wie der alte Chorturm der

Im Sommer verwandelt sich der Rathausplatz von Barr in ein wahres Blumenmeer

katholischen **Église St-Martin** (ca. 1220), hat die Wirren der Zeiten überlebt. Der *Marktplatz* mit dem 1640 auf alten Grundmauern erbauten Schloss bildet ein harmonisches Ensemble. Lohnend ist ein Besuch des **Musée de La Folie Marco** (30, rue du Docteur-Sultzer, Tel. 03 88 08 94 72, Juni–Sept. Mi–Mo 10–12, 14–18, Mai/Okt. Sa/So 10–12 und 14–18 Uhr) im 1763 erbauten Wohnhaus des lebenslustigen Verwalters der Herrschaft Barr, Louis-Felix Marco. Das kleine Museum vermittelt ein anschauliches Bild bürgerlicher Wohnkultur vom Ende des 18. Jh.

Anfang Oktober feiert Barr die **Fête des Vendanges**, ein feucht-fröhliches Weinlesefest.

ℹ **Praktische Hinweise**

Information

Office de Tourisme, 5, rue du Général de Gaulle, Andlau, Tel. 03 88 08 22 57, www.pays-de-barr.com

Office de Tourisme, rue des Bouchers/place de l'Hôtel de Ville, Barr, Tel. 03 88 08 66 65, www.pays-de-barr.com

Weinproben

Die *Offices de Tourisme* in Andlau und Barr vermitteln gern eine Weinprobe in einem der zahlreichen **historischen**

Keller. In Barr findet zudem im Juli/Aug. donnerstags um 16 Uhr eine kostenlose Führung durch den sog. **Weinlehrpfad** (Sentier Viticole) mit Kellereibesichtigung statt.

Hotels

Kastelberg, 10, rue du Général Koenig, Andlau, Tel. 03 88 08 97 83, www.kastelberg.com. Preiswertes Hotel mit Restaurant (nur abends).

Le Brochet, 9, place de l'Hôtel de Ville, Barr, Tel. 03 88 08 92 42, www.brochet.com. Schöner alter Gasthof im Stadtzentrum, die Küche bietet deftige, regionale Spezialitäten.

35 Ebersmunster
Ebersmünster

Barocke Grüße aus Vorarlberg.

Der kleine Ort an der Ill besteht fast nur aus den Gebäuden des **ehem. Benediktinerklosters**. Der hl. Deodat soll die Abtei 667 zum Dank für den glücklichen Ausgang eines Jagdunfalls im Auftrag von Eticho, dem Vater der hl. Odilia, gegründet haben. Beim Bau wurden Steine eines Tempels benutzt, der zu der römischen Siedlung *Novientum* gehörte.

Einer später gotisch veränderten Kirche von 1155 folgte der heutige Bau von **St-Maurice** (Sommer tgl. 8–19, Winter 8–16 Uhr). Er wurde 1710–15 von dem Vorarlberger Baumeister Peter Thumb (1681–1766) errichtet. Nachdem das Gotteshaus durch einen Blitzschlag 1717 fast ganz zerstört worden war, musste Thumb noch einmal von vorne beginnen. Seine Architektur gilt als Musterbeispiel für einen Kirchenbau des **Vorarlberger Schemas**. Die 1727 fertig gestellte Stiftskirche von Ebersmünster ist die einzige dieser Art im Elsass.

Charakteristisch für solche Barockkirchen sind ein tonnengewölbtes Langhaus mit Wandpfeilern, die die angedeuteten Seitenschiffe kapellenartig aufgliedern, Emporen über den Seitenschiffen, ein verkürztes, meist nicht über die Umfassungsmauern der Seitenschiffe hinausragendes Querschiff und ein eingezogener, von Nebenräumen und Emporen flankierter Chor.

Die **Innenausstattung** mit Fresken, Stuckaturen und dem Hochaltar wurde erst um 1760 fertig gestellt. Nachdem die Revolution einigen Schaden angerichtet

Barocke Prachtentfaltung zeichnet auch den Innenraum von St-Maurice aus

Nicht umsonst erinnern die Turmspitzen von St-Maurice an süddeutsche Zwiebeltürme

hatte, wurde der Bau im 19. Jh. grundlegend renoviert. Damals entstand u.a. die **Kanzel**, bei der man eine eindrucksvolle Trägerfigur des Samson aus dem 17. Jh. wieder verwendete.

Kostbarster Besitz der Kirche ist die um 1732 gefertigte **Orgel** von Andreas Silbermann, nach der von Maursmünster das am besten erhaltene Instrument des Straßburger Meisters. An den Mai-Sonntagen finden hier Konzerte statt (Auskünfte beim Pfarrhaus, Ebersmunster, Tel. 03 88 85 72 66. Informationen zum Konzertprogramm sind auch beim Office de Tourisme erhältlich oder unter http://mairie.ebersmunster.free.fr. Konzertkarten bei der *Association des Amis de l'Église Abbatiale,* E-Mail: amis.abbatiale.ebers@free.fr).

Benfeld

Etwas nördlich, an der N83, liegt Benfeld inmitten eines ausgedehnten *Tabakanbaugebietes.* In dem kleinen Ort gibt es ein **Rathaus** von 1531 zu sehen, mit 1619 angefügtem achteckigem Treppenturm und skulptiertem Portal. Die Uhr zeigt die Figur des ›Stubenhansel‹, der für einen Beutel Golddukaten die Stadt 1331 an die Bayern und Württemberger verraten haben soll.

ℹ️ **Praktische Hinweise**

Information

Office de Tourisme, 3, rue de l'Église, Benfeld, Tel. 03 88 74 04 02, www.grandried.fr

Restaurant

Au Vieux Couvent, 6, rue des chanoines, Rhinau, 13 km östlich von Benfeld, Tel. 03 88 74 61 15. Eines der besten Restaurants der Region, sehr kultivierte Elsässer Küche, schön gelegen, Gartenterrasse am Rheinufer (Mo abend, Di/Mi geschl.).

36 Dambach-la-Ville

Malerisches Weindorf am Fuß der Vogesen.

Fährt man auf der D210 von Osten, aus der Ebene, auf Dambach zu, ist der **Terrassenaufbau** der Landschaft besonders eindrucksvoll zu erleben: die sanften Umrisse der Weinberge, dahinter das mächtige Profil der Berge, dunkle Wälder, Ruinen trutziger Burgen.

Zu Füßen der Hügel und Höhen liegen an der Weinstraße einladende, noch kaum zersiedelte Dörfer, eines schöner

als das andere. Doch der Schein der Idylle trügt: Heftig umkämpft waren diese Orte jahrhundertelang und die malerischen Ruinen und Befestigungsanlagen künden zumindest auch von Schrecken und Not.

Der 2000-Seelen-Ort **Dambach** ging 1227 aus dem Besitz der Grafen von Eguisheim in den der Bischöfe von Straßburg über. Ein solcher verlieh dem Dorf Stadtrecht und ließ es 1340 befestigen. Von der damaligen Anlage haben sich drei Tore erhalten. Die neoromanische **Kirche** von 1865 erinnert mit ihren Emporen an die von Andlau [Nr. 34].

Neben schönen Fachwerkhäusern ist vor allem die 1285 erbaute **Sebastianskapelle** über der Stadt in den Weinbergen bemerkenswert. Bis 1489 diente sie als Pfarrkirche, ein Friedhof umgab sie. Ölberg und Beinhaus haben sich erhalten. Von hoher Qualität ist der reich geschnitzte **Sebastiansaltar** von 1690–92, den Clemens und Philipp Winterhalter mit Johann Beier schufen. Zwischen den für diese Zeit typischen Akanthusranken und gedrehten Säulen zeigt die Mittelgruppe die Heilige Familie. Ihr Zentrum, das Christuskind, wird zugleich durch Gottvater und die Taube des Heiligen Geistes in eine zweite Gruppe hineinge-

In Holz und von Putten flankiert blickt Gottvater vom Altar der Sebastianskapelle

nommen, die der Dreifaltigkeit: Himmel und Erde durchdringen einander.

Château de Bernstein

Von der Sebastianskapelle ist es zu Fuß eine knappe Stunde zur 562 m hoch gelegenen **Burg Bernstein**, die um 1200 von den Grafen von Eguisheim erbaut, 1227 vom Straßburger Bischof erobert und im Dreißigjährigen Krieg zerstört wurde. Mit ihrem fünfeckigen Bergfried, dem sorgfältig behauenen Bossenwerk aus Granit, mit den eleganten Doppelfenstern und der im quadratischen Turm untergebrachten Burgkapelle kann Bernstein als eines der einheitlichsten Beispiele für spätromanischen Burgenbau gelten. Der Torbau stammt allerdings aus dem Spätmittelalter.

Epfig

Etwas nördlich von Dambach liegt das Dorf Epfig, in dem am Ortsende, zur Ebene hin, die Friedhofskapelle **Chapelle-de-Ste-Marguerite** (Mai–Sept. tgl. 9–20 Uhr, Okt.–April 9–16 Uhr) begeistert. Es handelt sich um einen ebenso einfachen wie wohlproportionierten Bau des 11. Jh. mit mächtigem Vierungsturm, Resten von mittelalterlicher Wandmalerei und einem Beinhaus.

ℹ️ Praktische Hinweise

Information

Office de Tourisme, Mairie, 11, place du Marché, Dambach-la-Ville, Tel. 03 88 92 61 00, www.pays-de-barr.com

Weinproben

Neben zahlreichen Winzereibetrieben bietet das Verkehrsamt Juli–Sept. jeweils Di um 17 Uhr eine kostenlose Führung durch einen **Weinberg** und anschließend die Gelegenheit, einen der edlen hiesigen Tropfen zu verkosten.

Hotel

Le Vignoble, 1, rue de l'Église, Dambach-la-Ville, Tel. 03 88 92 43 75, www.hotel-vignoble-alsace.fr. Angenehme, preiswerte Unterkunft in schönem historischem Fachwerkhaus.

Restaurant

Kirmann, Epfig, 6, rue des Alliés, Tel. 03 88 85 51 17. Ausflugsgasthof mit großer Terrasse (Winter: Mo und Mi abend geschl.).

Nunmehr als Ruine wacht die Ortenburg über die Weinberge um Scherwiller

37 Scherwiller
Scherweiler

Umgeben von Weinbergen und prächtigen Burgen.

Von Dambach gelangt man auf der D35, vorbei an dem malerischen Weinbauerndorf *Dieffenthal* mit seiner Michaelskirche aus dem 18. Jh., zu dem südlich gelegenen Scherwiller. Es ist ein reizvolles kleines Dorf, dem wegen seiner **exponierten Lage** am Ausgang der Flusstäler der Giessen und Lièpvrette die Geschichte mehrfach heftig mitgespielt hat. Schon im 13. Jh. kämpfte hier Habsburg gegen Nassau und die 1525 während der Bauernkriege auf Befehl von Herzog Anton von Lothringen hingemetzelten 13 000 Aufständischen wurden alle zusammen in einem Massengrab beerdigt.

🔺 TOP TIPP Château d'Ortenbourg

Von Dambach nach Scherwiller bietet sich ein sehr schöner Spaziergang entlang eines *Waldlehrpfades* durch ein kleines *Naturschutzgebiet* an. An dieser Route liegt die außerordentlich interessante Ruine der **Burg Ortenberg**, die 1262 von Rudolf von Habsburg zum Schutz gegen den Straßburger Bischof erbaut wurde. Wie ein Kristall ragt der 32 m hohe, fünfeckige Bergfried auf, elegant schmücken Reihen von je zwei Lanzettfenstern, mit *Okuli* unter Spitzbögen zusammengefasst, den Wohntrakt. 1293 wurde die Burg im Auftrag des Staufer-Gegners Adolph von Nassau durch Otto von Ochsenstern zerstört, dem Erbauer der benachbarten kleineren Burg **Ramstein**, die ihrerseits 1633 das gleiche Schicksal traf.

ℹ Praktische Hinweise

Information

Office de Tourisme, 30, Rue de la Mairie, Corps de Garde, Scherwiller, Tel. 03 88 92 25 62, www.chatenois-scherwiller.net

Hotel

Ramstein, 1, rue du Riesling, Scherwiller, Tel. 03 88 82 17 00, www.hotelramstein.fr. An der ›Route des Vins‹ gelegenes modernes Haus mit Garten, schöne Aussicht (Restaurant So und Mi geschl.).

38 Châtenois

Dörfchen im Kastanienwald.

Unmittelbar westlich von Sélestat liegt Châtenois, ›Kestenholz‹. Der Name bezieht sich auf das italienisch anmutende Vorkommen von **Esskastanien** in dieser

Eine würdige Kulisse bietet die Ruine von Burg Kintzheim für die stolzen ›Herren der Lüfte‹ und ihre Falkner

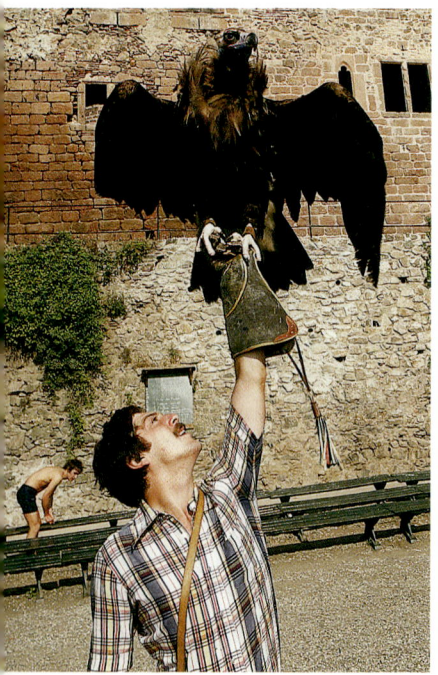

klimatisch gesegneten Landschaft.

Erstmals erwähnt wurde der Ort im 12. Jh., damals als *Castinetum* genannter Hof der Abtei **Niedermünster** am Osthang des Odilienberges (heute St-Nabor). Die Kirche **St-Georges** in Châtenois ist barock, hat aber einen mächtigen romanischen Turm mit einer Bekrönung von 1525 und steht in einem befestigten Friedhof. Hierher flüchtete sich die Bevölkerung, als 1473 Karl der Kühne mit seinen Truppen durchs Elsass zog.

Von der alten Stadtbefestigung ist noch ein Turm aus dem Jahr 1432 erhalten. Hübsch anzuschauen sind auch das *Rathaus* vom Ende des 15. Jh. und das Gebäude des *Gasthaus Adler* vom Beginn des 16. Jh.

Château de Frankenbourg

In der näheren Umgebung verdienen 8 km nordwestlich die Ruinen der **Frankenburg** Beachtung. Die 1123 erstmals erwähnte, 1582 abgebrannte Feste wurde auf den Grundmauern einer vorgeschichtlichen Anlage errichtet. Dank ihrer Lage in 700 m Höhe auf dem Altenberg bietet sich von der Frankenburg eine wunderschöne **Aussicht** auf das reizvolle Lièpvrette-Tal.

Château de Kintzheim

Die gut erhaltene, eindrucksvolle Burgruine im Süden von Châtenois dient heute als Falknerei, **Volerie des Aigles** (Greifvogelwarte, www.voleriedesaigles. com) mit Flugvorführungen und Zentrum zur Wiedereingliederung der Störche (Park geöffnet von Anfang April–Mitte Nov. Vorführungen etwa im Stundentakt, in der Regel tgl. ab 14.30 Uhr oder 15.00 Uhr bis 17 Uhr, Sept.–Mitte Nov. nur Mi, Sa, So, Fei).

Nahebei liegt der sogenannte **Affenberg** (www.montagnedessinges.com, 26. März/April, Okt. tgl. 10–12, 13–17 Uhr, Mai/Juni, Sept. tgl. 10-12, 13–18 Uhr, Juli/Aug. tgl. 10–18 Uhr) auf dem mehrere hundert Berberaffen leben.

ℹ Praktische Hinweise

Information

Office de Tourisme, 2, rue Clémenceau, Châtenois, Tel. 03 88 82 75 00, www.chatenois-scherwiller.net

Hotel

Dontenville, 94, route du Maréchal Foch, Châtenois, Tel. 03 88 92 02 54. Angenehm

Kunstvolle Gitter sichern die einzigartigen Bestände der Bibliothèque Humaniste

und schön gelegen, mit hübscher Aussicht und Restaurant (Di geschl.).

Restaurant

Auberge de la Forêt, 93, route de Ste-Marie-aux-Mines, Val de Villé, Tel. 03 88 82 74 04. Gutes Ausflugslokal mit Garten, Terrasse und schöner Aussicht (Mo abend und Di abend geschl.).

39 Sélestat
Schlettstadt

Stadt der Humanisten mit einer Bibliothek von Weltrang.

Wichtigste Stadt an der nördlichen Weinstraße ist, kurz vor der Département-grenze, das mehr als 19 000 Einwohner zählende Sélestat.

Geschichte Schon die Römer siedelten hier zwischen den Flüsschen Ill und Giessen, später entwickelte sich eine aufstrebende fränkische *Pfalz*. 1094 wurde ein *Cluniazenser-Priorat* gegründet.

Das Priorat stand unter dem Schutz der Staufer, 1217 ließ Friedrich II. die Siedlung befestigen, die sich um das Kloster gebildet hatte. 1258 ist bereits ein Stadtrat bezeugt, 1292 gewährte Adolf von Nassau das Stadtrecht, 1354 trat Schlettstadt der *Dekapolis* bei. Goldenes Zeitalter war das 15. Jh. Die 1441 reorganisierte Lateinschule wurde zu einem überregional bedeutenden Mittelpunkt des deutschen **Frühhumanismus**. 1000 Schüler aus ganz Europa studierten zu dieser Zeit im kleinen Sélestat. Wichtige Persönlichkeiten, die aus dieser Schule hervorgingen, waren der 1450 hier geborene Jurist und Theologe *Jacob Wimpfeling* († 1528), der zu einem Wegbereiter der Reformation im Elsass wurde, der Reformator *Martin Butzer* (1491–1551) und der 1485 ebenfalls in Schlettstadt geborene, mit Erasmus von Rotterdam befreundete Philologe *Beatus Rhenanus* († 1547).

Besichtigung Rhenanus' mehr als 500 Bände umfassende Privatbibliothek legte den Grundstock zur 1452 gegründeten städtischen **Bibliothèque Humaniste** (Tel. 03 88 58 07 20, Mo/Mi–Fr 9–12 und 14–18, Sa 9–12 Uhr, Juli/Aug. auch Sa/So 14–17 Uhr), die heute in der ehem. Getreidehalle in der Rue de la Bibliothèque untergebracht ist. Sie umfasst kostbare merowingische und karolingische Handschriften, antike Texte, Schlettstädter und Straßburger Drucke, aber auch Fotos, Glasfensterfragmente, römische Keramik und mittelalterliche Skulptur von zum

Bedeutungsvolle romanische Bildsprache an den Kapitellen von Ste-Foy

Teil herausragender Qualität. Eindrucksvoll ist auch der Büstenabguss einer unbekannten Toten, die man in einem Grab in Ste-Foy fand. Diese **Église Ste-Foy** geht auf eine 1087 von Hildegard von Büren, der Großmutter Kaiser Barbarossas, gestiftete Kapelle zurück. Die Stiftung ging im Jahr 1094 als Geschenk an die Abtei Ste-Foy in Conques, die daraufhin in Schlettstadt ein Priorat einrichtete.

Die heutige Kirche war wohl gegen 1200 vollendet. 1498 wurde das Priorat aufgegeben, 1614 übernahmen Jesuiten die verwahrloste Anlage. Die von ihnen durchgeführten barocken Veränderungen wurden im 19. Jh. rückgängig gemacht, wobei manches typisch ›Romanische‹ neu und ziemlich frei erfunden wurde, so z. B. die Bedachung der Türme. Bedingt durch die Proportionen der drei Wandfelder, treten an der Fassade rechts und links Spitzbögen auf.

Auch im **Inneren** findet sich dieser ›Vorklang‹ der Gotik im noch ganz und gar romanischen Kontext. Stützenwechsel und gebundenes System mit Rippenwölbung bestimmen den basilikalen Raum. Als einziges Überbleibsel der barocken Einrichtung hat man die Kanzel von 1733 belassen.

Die zweite Kirche von Sélestat, die Pfarrkirche **St-Georges**, erhebt sich über den Resten einer karolingischen Rotunde. Hier war es wohl, wo der fränkische Königshof stand und Karl der Große 775 das Weihnachtsfest feierte.

Die heutige dreischiffige Basilika stammt aus dem 13.–15. Jh. und ist ebenfalls stark durch Restaurierungen des 19. Jh. ge-

prägt. Schauseite ist die Südflanke, hier verbinden sich Portal und Turm zu einer eindrucksvollen Fassade. Die Skulpturen entstammen der Zeit der Restaurierung. Im Inneren sind eine Steinkanzel von 1619 zu sehen sowie Freskenreste, Skulpturen des 18. Jh. und Glasfenster aus dem 15. Jh., die vom Glasmaler Max Ingrand (1908–1969) modern ergänzt wurden.

Die ehem. Franziskanerkirche **Église des Recollets** am Marché-aux-Pots von 1280 dient heute als evangelisches Gotteshaus. In der Rue Turenne hat sich das ehem. **Dominikanerinnenkloster** aus dem Jahr 1286 erhalten.

Unter zahlreichen sehenswerten Profanbauten sind die 1541 begonnene **Stadtresidenz** der Abtei Ebersmünster (8, Rue de l'Église) und das Zeughaus **Arsenal Ste-Barbe** mit Festsaal an der Place de la Victoire besonders hervorzuheben. Nicht weit nördlich davon liegt die **Maison Ziegler** (18, Rue de Verdun). Das 1538 vom Stadtbaumeister Stephan Ziegler erbaute Privathaus trägt einen schönen Renaissanceerker und Bildnismedaillons bedeutender Baumeister der Antike. Zudem sind die respektablen Reste der

Himmelwärts streben – dieses Ansinnen vermittelt Ste-Foy schon von außen

Der markante, erkergeschmückte Uhrenturm gehörte zur Schlettstadter Stadtbefestigung

Stadtbefestigung, vor allem der Uhrenturm *Tour de l'Horloge* vom Ende des 13. Jh. und der Hexenturm *Tour des Sorcières* aus dem 14./15. Jh. an der Place de la Porte de Strasbourg neben dem *Straßburger Tor* von 1691 außerordentlich sehenswert. In Letzterem wurden im 17. Jh. Frauen, die der Hexerei beschuldigt wurden, eingekerkert.

Eine besondere Attraktion ist das im historischen Gebäude der Bäckerzunft von 1522 eingerichtete Brotmuseum **Maison du Pain d'Alsace** (Rue du Sel, Tel. 03 88 58 45 90, www.maisondupain.org, ab Feb. Mi–Fr 9.30–12.30, 14–18 Uhr, Di, Sa 9–12.30, 14–18 Uhr, So 9–12.30, 14.30–18 Uhr).

Marckolsheim

An der D424 liegt 13 km südöstlich von Sélestat, im Süden des Städtchens Marckolsheim, das **Mémorial-Musée de la Ligne Maginot** (Route du Rhin, Tel. 03 88 92 56 98, 15. März–15. Juni und 15. Sept.–15. Nov. So/Fei 9–12 und 14–18 Uhr, 15. Juni–15. Sept. tgl. 9–12 und 14–18 Uhr). Das Museum nutzt die erhaltene Kasematte Nr. 35 der 3. Verteidigungslinie der Maginot-Linie für seine Ausstellung zum Zweiten Weltkrieg, die auch Panzer und Geschütze umfasst.

i Praktische Hinweise

Information

Office de Tourisme, Commanderie Saint-Jean, bd. du Général Leclerc, Sélestat, Tel. 03 88 58 87 20, www.selestat-tourisme.com

Hotels

Auberge des Alliés, 39, Rue des Chevaliers, Sélestat, Tel. 03 88 92 28 00, www.auberge-des-allies.fr. Modernes und gepflegtes Hotel, zentral gelegen, mit Restaurant (So abend, Di abend und Mi geschl.).

Hostellerie Abbaye de la Pommeraie, 8, bd. du Maréchal-Foch, Sélestat, Tel. 03 88 92 07 84, www.pommeraie.fr. Edel eingerichtete Unterkunft für gehobene Ansprüche am Rand der Altstadt, kulinarische Köstlichkeiten im hoteleigenen Restaurant ›s'Apfelstuebel‹ (Restaurant Sa abend geschl.).

Restaurant

TOP TIPP **La Couronne**, 45, Rue de Sélestat, Baldenheim, Tel. 03 88 85 32 22. Ein exzellentes Restaurant, mit einem Michelin-Stern ausgezeichnet; 8,5 km südöstlich von Sélestat gelegen. Sehr feine, einfallsreiche Küche auf regionaler Basis, Voranmeldung empfiehlt sich (So abend, Mo und Do abend geschl.).

Die Maginot-Linie

Soldatenfriedhöfe und Befestigungsanlagen begegnen Reisenden im
Hinterland der ›fröhlichen Weinberge‹ immer wieder und vieles erinnert
an eine Zeit, in der Frankreich und
Deutschland erbitterte ›Erbfeinde‹
waren. Unendlich viel Leid und Un-
recht geschah in zahllosen Kriegen,
zuletzt 1870/71, 1914/18 und 1944/45.

In den dreißiger Jahren des 20. Jh.
erbauten die Franzosen an ihrer Ost-
grenze ein umfangreiches **Befestigungssystem** aus Bunkern, Un-
terständen und Panzersperren. Es war
von Marschall Pétain angeregt und
nach dem damaligen Kriegsminister,
André Maginot, benannt worden.

Das Verteidigungssystem sollte
Frankreich vor einem deutschen An-
griff schützen. Doch die deutschen
Truppen umgingen die Maginot-Linie
im Mai/Juni 1940 und drangen von
Norden her, über das neutrale Bel-
gien, in Frankreich ein. Am 6. Juni 1944
landeten die Alliierten in der Norman-
die, am 15. August in der Provence.
Im November erreichten sie das Elsass, doch die Deutschen eroberten
in heftigen Kämpfen wesentliche
Teile wieder zurück. Am 19. März
1945 schließlich verließ die Wehr-
macht das Gebiet links des Rheins.

*Aufgelassene Befestigungen dienen
heute als Erinnerung an und Mahnmal
gegen den Krieg*

Der Krieg hatte auf beiden Seiten
zahllose Menschenleben gekostet,
aber auch Baudenkmäler und Kunst-
werke zerstört.

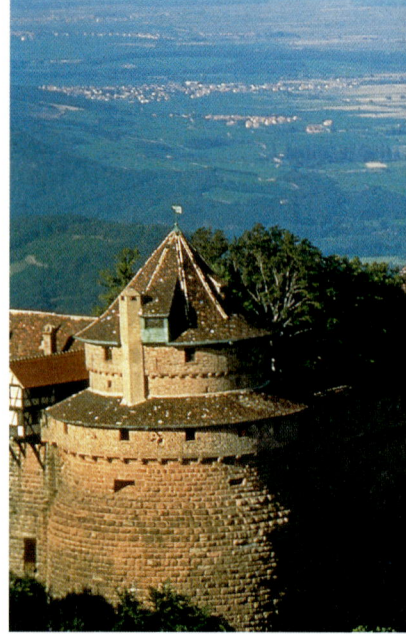

40 Haut-Koenigsbourg
Hohkönigsburg

 *Grandiose Märchenresidenz eines
deutschen Kaisers.*

Die imponierende Hohkönigsburg (Juni–
Aug. tgl. 9.15–18 Uhr, April/Mai/Sept. 9.15–
17.15 Uhr, März/Okt. 9.30–17 Uhr, Jan./Febr/
Nov./Dez. 9.30–12 und 13–16.30 Uhr) liegt
unübersehbar in 757 m Höhe und in der
stolzen Länge von 270 m auf einem abge-
flachten Kegelberg inmitten des Schlettstadter Waldes. Sie sieht aus, wie man sich
gemeinhin eine **mittelalterliche Ritterburg** vorstellt. Wehrtürme, Mauern, Bergfried – alles ist vorhanden und alles ist
intakt. Diese Märchenansicht hat sie dem
Preußenkaiser Wilhelm II. zu verdanken,
der die Ruine der erstmals 1147 erwähnten
damaligen Burg **Estufin** 1899 von der
Gemeinde Schlettstadt geschenkt be-
kam. Von seinem ›Burgen-Spezialisten‹
Bodo Ebhardt ließ sich der Kaiser das Ge-
mäuer zur mittelalterlichen Residenz
ausbauen. Heute ist sie mit jährlich etwa
500 000 Besuchern die meistbesuchte
Burg der Region

Die vorausgegangene Geschichte war
wechselhaft. Im 12. Jh. gehörte ein Teil der
Burg dem Kaiser, ein anderer dem Herzog
von Schwaben. Im 13. Jh. übernahm sie

*Nicht einmal Walt Disney könnte eine schöne-
re Ritterburg erfinden als Haut-Koenigsbourg*

der Herzog von Lothringen. Einer der von
ihm angesiedelten Vasallen erbaute sich
sein eigenes Schloss, die nur 200 m westlich als malerische Ruine erhaltene
Oedenburg. Ihr Name weist allerdings
darauf hin, dass der Platz schon am Ende
des Mittelalters ›verödet‹ war, während
die Hohkönigsburg in die Hände von
Briganten fiel, was 1465 die vereinigten
Städte der Umgebung veranlasste, das
Räubernest auszuheben.

1479 wurde die Burg im Auftrag Kaiser
Friedrichs III. restauriert, im 16. Jh. erwei-
terten und modernisierten die damaligen Besitzer, Erben des Franz von Sickin-
gen, die Befestigungsanlagen. 1633 wurde
die Burg im Dreißigjährigen Krieg von
den Schweden zerstört.

Nach ihrer historistisch-nationalisti-
schen Wiederherstellung diente die Burg
1939 als Schutzraum für Kunstgüter, 1944
wurde sie von den Amerikanern besetzt.
Heute kann sie besichtigt werden und ist
mit ihren teils konsequent rekonstruierten, teils fantasievoll ergänzten Sälen,
Höfen, Türmen und Verteidigungsanla-
gen eines der beliebtesten Ziele der El-
sass-Besucher. Von ›Mittelalter‹, instant

und live, über Aussicht, Souvenirläden
und Gastronomie wird alles geboten, was
des Touristen Herz erfreut.

St-Hippolyte

Das südlich zu Füßen der Haut-Koenigsbourg gelegene, äußerst malerische
Weinbauerndorf mit seinen 1200 Einwohnern gehört schon zum *Département Haut-Rhin* und dient als beliebter
Ausgangspunkt für Ausflüge zu der das
Ortsbild beherrschenden Burg.

Das bereits im 8. Jh. erwähnte *Fulrado-
vilar* bzw. **St-Pilt**, zu deutsch St. Pölten,
geht auf ein von Abt Fulrad gegründetes
Priorat zurück. In der **Pfarrkirche St-Hip-
polyte** aus dem 15. Jh. mit Um- und An-
bauten bis zum 19. Jh. befindet sich ein
neuerer Reliquienschrein des Titelheiligen von 1766. Ein älterer Schrein aus
dem 15. Jh. wird im Unterlinden-Museum
in Colmar aufbewahrt.

ℹ Praktische Hinweise

Information

Château du Haut-Koenigsbourg,
Tel. 03 88 82 50 60, www.haut-koenigs-
bourg.fr. *Mittelalterliche Abende* finden
April bis Okt. in der Hostellerie statt, Tel.
03 88 82 37 80.

Die südliche Weinstraße – sinnenfreudiges Hügelland

Sorgfältig gepflegte Städtchen und Winzerdörfer in paradiesischer Lage, hochbedeutende historische Baudenkmäler, Höhenstraßen wie die **Route des Crêtes**, Weinberge und Wanderwege mit hinreißenden Ausblicken – all das charakterisiert diesen Teil des Elsass.

Die **Berge** erreichen im südlichen Vogesenbereich beachtliche Höhen: Ballon d'Alsace 1247 m, Petit Ballon 1267 m, Grand Ballon 1424 m: Der Name ›Ballon‹, zu Deutsch ›Belchen‹, verweist auf ihre Halbkugel-Gestalt.

Dass die Preise hier zumindest in der Saison merklich höher liegen als im nördlichen Teil des Elsass, ergibt sich aus der **Beliebtheit der Region**. Doch wenn man etwas flexibel ist, findet man leicht günstige Privatquartiere oder auch Unterkünfte im weniger besuchten ›Hinterland‹ der Weinstraße.

Die hier vorgenommene Einteilung der Route des Vins entspricht dem Verlauf der Grenze zwischen den beiden *Départements Bas-Rhin* und *Haut-Rhin*. Hauptstadt des letzteren ist **Colmar**, Kulturstadt ersten Ranges.

41 Ribeauvillé
Rappoltsweiler

Drei Burgen und drei Grands Crus.

Das hübsche **Winzerstädtchen** mit seinen heute 5000 Einwohnern wurde im 13. Jh. befestigt. Teile der Anlage sind erhalten, insbesondere neben einem schönen Renaissancebrunnen der eindrucksvolle Metzgerturm, **Tour des Bouchers**, der Ober- und Unterstadt trennt. Die beiden Stadtteile wurden 1341 mit einer gemeinsamen Mauer umgeben.

1525 plünderten die Bürger im Bauernkrieg die Kirchen. 1563 wurde die Reformation eingeführt, 1648 die Stadt unter französische Protektion genommen. Von 1871 bis 1918 war die Stadt Verwaltungssitz des Kreises Rappoltsweiler.

Parallel zum Strengbach bildet die Grand'Rue das Rückgrat des Stadtorganismus. Hier befinden sich die meisten der bemerkenswerten Häuser, an denen die Stadt so reich ist. Als Beispiel sei das

Angenehme Rast im gastfreundlichen Ribeauvillé

Seit mehr als 600 Jahren bewacht der Metzgerturm den Eingang zur Unterstadt

Haus des Ave Maria vom Ende des 17. Jh. mit seiner Verkündigungsdarstellung erwähnt, auch ›Pfeiferhaus‹ genannt. Der alte Brauch des **Pfeiferkönigs** lebt noch

TOP TIPP

heute als Volksfest fort: Das traditionelle, bunte Musikfest **Pfifferdaj** findet jeweils am ersten Sonntag im September statt. Dabei kommen auch die schönen Trachten zur Geltung.

Im **Rathaus** von 1773 befindet sich ein kleines *Museum* mit Goldschmiedearbeiten und Silbergeschirr, in der ehem. **Katharinenkapelle** (15. Jh.) und den zugehörigen Spitalgebäuden sind die Stadtgeschichtlichen Sammlungen des **Musée Municipal** (Mai–Okt. Di–Fr/So 10–12 und 14–17 Uhr) untergebracht. Die ehem. **Augustinerkirche** gegenüber dem Rathaus geht auf das 14. Jh. zurück, der heutige Bau stammt von 1776–79. Die katholische Pfarrkirche **St-Gregoire-le-Grand** ist eine dreischiffige Gewölbebasilika, erbaut 1282–1473. Sie wurde 1876 nach Osten verlängert, wobei man den alten Chor wieder aufbaute. Im Inneren sind Ölbergstatuen (um 1500) und eine Mondsichelmadonna (um 1470) bemerkenswert. Die Orgel von 1700 wurde 1749 aus dem Temple-Neuf in Straßburg erworben und 1984 restauriert. Leider wenig passend sind die Fenster von 1951–52.

Historisches Vorbild für moderne Nachahmer: der hornblasende Pfeiferkönig

Burgen von Ribeauvillé

Drei Burgen aus dem 12. Jh. – *Haut-Ribeaupierre*, *St-Ulrich* und *Girsberg* – überragen das Städtchen, drei Grand Crus-Weinlagen – Geisberg, Kirchberg und Osterberg – umgeben sie. Die heutigen Burgruinen gehörten den Grafen von Rappoltstein (Ribeaupierre).

Die älteste und interessanteste, die **Ulrichsburg**, so benannt nach der dortigen St. Ulrich-Kapelle, wurde 1084 erstmals erwähnt. Sie war anstelle prähistorischer und römischer Befestigungsanlagen erbaut worden und noch bis ins 17. Jh. bewohnt. Die heute sichtbare Substanz stammt vorwiegend aus dem 12. und 13. Jh. Zwei Wohntürme machten den Anfang, hinzu kamen weitere Bauten, so der wunderbare Rittersaal und die Kapelle mit tribünenartigem Obergeschoss. Auch Nebengebäude aus der Renaissancezeit sind erhalten.

Ste-Marie-aux-Mines

Von Ribeauvillé aus empfiehlt sich eine Fahrt durch den nordwestlich gelegenen *Parc Régional des Ballons*. Die sehr schöne D416 führt knapp 20 km durch die Wälder nach *Ste-Marie-aux-Mines*, dem ehem. Markirch. Die dortigen **Silberminen** wurden im 16./17. Jh. genutzt. Im Sommer können zwei von ihnen besichtigt werden (Voranmeldung Tel. 03 89 58 62 11, www.asepam.org). Später lebte der Ort vor allem von der Textilindustrie. Dieser Tatsache zollt auch das Heimatmuseum **Maison de Pays** (Tel. 03 89 58 56 67, Juni–Sept. tgl. 10–19 Uhr, sonst Mo–Fr 10–13 und 14–18 Uhr, Sa 10–17 Uhr) an der zentralen Place du Prensureux Tribut. Es vereint unter seinem Dach drei Museen zu den Themen Mineralogie, Silberbergbau und Weberei.

ℹ️ Praktische Hinweise

Information

Office de Tourisme, 1, Grand' Rue, Ribeauvillé, Tel. 03 89 73 23 23, www.ribeauville-riquewihr.com

Office de Tourisme du Val d'Argent, 86, rue Wilson, Ste-Marie-aux-Mines, Tel. 03 89 58 80 50, www.valdargent.com

Hotels

Aux Mines d'Argent, 8, rue du Dr. Weisgerber (beim Rathaus), Ste-Marie-aux-Mines, Tel. 03 89 58 55 75. Angenehmes Hotel, regionale Küche.

Mit ein wenig Fantasie bevölkern wagemutige Ritter und edle Burgfräulein wieder die Ulrichsburg

 Clos St-Vincent, Osterbergweg, von Ribeauvillé 1,5 km auf der Route secondaire nach Nordost, Tel. 03 89 73 67 65, www.leclossaint vincent.com. Höchst komfortables Hotel der gehobenen Preisklasse mit Schwimmbad in den Weinbergen hoch über der Rheinebene mit prächtiger Aussicht. Vorzügliches Restaurant (nur abends geöffnet, Di geschl.).

Les Vosges, 2, Grand'Rue, Ribeauvillé, Tel. 03 89 73 61 39, www.vosges-hotel.com. Vergleichsweise preisgünstige Unterkunft im Stadtzentrum.

Restaurants

 Auberge de l'Ill, 2, rue de Collonges au Mont d'Or, Illhäusern, 9 km östlich von Ribeauvillé, Tel. 03 89 71 89 00, www. auberge-de-l-ill.com. Eines der renommiertesten Gourmetlokale des gesamten Elsass (3 Michelin-Sterne). Man speist fürstlich in elegantem, etwas plüschigem Ambiente am abends festlich illuminierten Ill-Ufer, die Terrasse ist lauschig, die Küche traumhaft, die Preise sind entsprechend, aber angemessen (Mo/Di geschl.). Wenige, komfortable Zimmer zu sehr gehobenen Preisen im angeschlossenen **Hotel des Berges** (Tel. 03 89 71 87 87, www.hotel-des-berges.com), das den für diese Riedregion typischen traditionellen Tabakspeichern nachempfunden wurde.

Maximilien, 19a, route d'Ostheim, Zellenberg, Tel. 03 89 47 99 69, www.le-maximilien.com. Kreative Küche der Spitzenklasse mit Michelinstern. Reservierung empfohlen (So abend, Mo und Fr mittag geschl.).

42 Riquewihr
Reichenweier

 Die kleine Weinbauernstadt – das ›elsässische Rothenburg‹.

Kaum eine andere Stadt im Elsass hat ihr historisches Erscheinungsbild – in diesem Fall das des 17. Jh. – so unverfälscht erhalten wie das abseits der großen Straßen in einem Seitental gelegene Riquewihr. Entsprechend massiv ist der Ansturm der Touristen, doch man hat sich darauf eingestellt und eine entsprechende Infrastruktur geschaffen. So gibt es zum Beispiel (kostenpflichtige) Parkplätze im ehem. Stadtgraben links und rechts vom Rathaus.

Die kleine Weinbauernstadt wurde im 13. Jh. von den Herren von Horburg planmäßig angelegt und befestigt. Im **Stadtbild** ist die regelmäßige Struktur rechtwinklig sich schneidender Straßen gut zu erkennen. Alles ist auf die Ost-West-Achse der Hauptstraße *Rue du Général de Gaulle* ausgerichtet, die sich vom bereits erwähnten Rathaus im Osten bis zum sog. Dolder (s.u.) im Westen hinzieht. Freundliche Fachwerkhäuser und malerische Innenhöfe warten darauf entdeckt zu werden, wie etwa die benachbarten Häuser **Irion** (Nr.12) von 1606 mit reichem Renaissance-Portal und **Jung-Selig** (Nr. 14) von 1561 oder gegenüber die vom 16. bis 18. Jh. entstandene **Maison Behrel** (Nr. 13). In der hübschen **Maison Liebrich** von 1535 dokumentiert das **Musée Hansi** (16, rue du Général de Gaulle, Tel. 03 89 47 97 00, April–Dez. Di–So 10.30–18 Uhr, Juli/Aug. auch Mo 14–18 Uhr) Leben und Werk des beliebten Elsässer Künstlers Jean-Jacques Waltz.

Die **Maison Preiss-Zimmer** (Nr. 42) mit schönen Holzskulpturen wurde 1686 erbaut. Im **Dolder** schließlich, einem Torturm vom Ende des 13. Jh., ist heute das Heimatmuseum **Musée du Dolder** (Tel. 03 89 86 00 92, Juli/Aug. tgl. 10.30–12, 14–18 Uhr, sonst nur Sa/So/Fei) untergebracht.

Etwas abseits der Hauptstraße gewährt in der *Rue des Juifs* im Diebesturm das **Musée de la Tour des Voleurs** (Tel. 03 89 86 00 92, tgl. 10.30–13 und 14–18 Uhr) mit Folterinstrumenten und Waffen einen schaurigen Einblick in vergangene Zeiten.

Die ehem. Kirchen Notre-Dame und St-Erhard an der *Place des Trois-Églises* dienen heute nicht mehr als Gotteshäuser. Die evangelische Kirche entstand als neugotischer Umbau der ehem. Margaretenkirche (1437). In den kleinen Seitengässchen wie beispielsweise der *Rue Latérale* lohnt sich das Flanieren. Unweit ihres westlichen Endes liegt die inmitten der Fachwerkschönheiten besonders hervorzuhebende **Maison Kiener** (2, rue du Cerf) von 1574.

Den Glanz vergangener Tage spiegelt auch das ehem. **Schloss** der Herzöge von Württemberg wider, die 1324 die Herr-

Noch heute verlangt auch der elsässische Weinbau viel Handarbeit

Elsässer Wein

Auf beiden Seiten der klimatisch ungemein begünstigten Oberrheinischen Tiefebene wächst ein vorzüglicher Wein. Zweifellos zählt die Elsässische Weinstraße **Route des Vins** mit ihren malerischen Dörfern und Städtchen zu den anmutigsten Gegenden Europas.

Insgesamt umfasst die elsässische Rebanbaufläche ca. 12 860 ha. Erzeugt wird zu 95 % Weißwein, insgesamt jährlich etwa 1 Mio. Hektoliter. Folgende Sorten sind zugelassen: Der leichte, frische und bekömmliche **Sylvaner**, hervorragend geeignet zu Fisch und Wurst, der sanfte, delikate **Pinot Blanc**

(Weißburgunder), der vorzüglich zu Meeresfrüchten passt, der rassige und klassische **Riesling**, der sich mit fast allen Speisen verträgt, auch der berühmten Choucroute, der eigenwillige **Muscat d'Alsace**, der aus Ungarn eingeführte **Pinot Gris** (Grauburgunder), der fruchtige, schwere **Gewürztraminer**, der sich wie die beiden zuvor genannten Weine auch gut als Aperitiv oder zu Käse und exotischen Speisen eignet, schließlich, als einziger Rotwein, der **Pinot noir**, hervorragend passend zu Wild und Käse.

Die **Benennungen** variieren mitunter. ›Pinot‹ ist allemal ein Burgunder, diese Rebsorte wird bisweilen auch ›Klevner‹ genannt, ›Auxerrois‹ ähnelt dem Weißen Burgunder. ›Chasselas‹ entspricht der deutschen Gutedeltraube und wird im Elsass allenfalls für den **Edelzwicker** verwendet, der – im Gegensatz zu allen anderen Weinen – ein Verschnittwein von mehreren Rebsorten und von durchaus unterschiedlicher Qualität ist.

Der Weinbau wurde im Elsass durch die **Römer** eingeführt, im 6. Jh. lobte Gregor von Tours die Qualität der Elsässer Weine, im Mittelalter fehlten sie an keiner Tafel europäischer Fürstenhäuser. Heute rühmt sich das Elsass zu Recht der großen Zahl seiner **A.O.C.-Weine** (d. h. Spitzenweine mit kontrollierter Herkunftsbezeichnung).

Repräsentatives Stadtzentrum von Riquewihr ist die schmucke Rue Général de Gaulle

schaft kauften. Das Schloss wurde 1540 in der Südostecke des Stadtrechtecks errichtet. Heute ist hier das **Musée de la Communication en Alsace** (Tel. 03 89 47 93 80, www.shpta.com, April–Okt. tgl. 10–17.30 Uhr) beheimatet. Es stellt rund 2000 Jahre Postgeschichte vor, insbesondere auch die des Elsass. Zu den Exponaten gehört auch eine Sammlung historischer Postkutschen vom 18. bis zum Beginn des 20. Jh. Wechselnde Ausstellungen ergänzen das Angebot.

Auch abseits der Hauptstraßen kann man hübsche, mitunter skurrile Winkel entdecken

ℹ️ Praktische Hinweise

Information

Office de Tourisme, 2, rue de la
Ière Armée, Riquewihr, Tel. 03 89 49 08 40,
info@ribeauville-riquewihr.com,
www.ribeauville-riquewihr.com

*Im besten Wortsinn: Waltz war ein
unbeugsamer Mann*

Hansi – Zeichner und Widerstandskämpfer

Eigentlich hieß er **Jean-Jacques
Waltz** (1873–1951) und kam in Colmar
als Sohn des städtischen Bibliothekars André Jacques Waltz zur Welt.
›Onkel Hansi‹, wie man ihn nannte,
war ein glühender Gegner der damals
im Elsass herrschenden Deutschen.

Seine **Karikaturen** erregten das
Misstrauen der deutschen Behörden,
und im Juli 1914 wurde er vor Gericht
gestellt. Der folgenden Gefängnisstrafe wegen ›landesverräterischer
Umtriebe‹ entzog er sich durch die
Flucht nach Frankreich. Im Ersten
Weltkrieg arbeitete ›Hansi‹ für den
französischen **Geheimdienst**.

Nach dem Krieg leitete Hansi
1923–39 das Unterlinden-Museum in
Colmar, verschwand anschließend
wieder im **Exil**, kehrte aber nach dem
Ende des Zweiten Weltkrieges in sein
geliebtes Elsass zurück. Seine **Gemälde**, **Lithographien** und **Karikaturen** sind in diversen elsässischen
Museen zu finden, in seiner Heimatstadt Colmar gibt es noch heute
höchst originelle **Wirtshausschilder**,
die er entworfen hat.

Hotel

🔻**TOP TIPP** **A l'Oriel**, 3, rue des Ecuries Seigneuriales, Riquewihr, Tel.
03 89 49 03 13, www.hotel-oriel.
com. Sehr angenehme Unterkunft in
einem Haus des 16. Jh., gehobene
Preisklasse.

Restaurants

Auberge du Schoenenbourg, rue de la
Piscine, Riquewihr, Tel. 03 89 47 92 28,
www.auberge-schoenenbourg.com.
Hervorragende Küche, basierend auf
regionaler Tradition, mit eigenem
Kräutergarten (geschl. Di–Sa mittags,
Mi abends).

La Table du Gourmet, 5, rue de la Ière
Armée, Riquewihr, Tel. 03 89 49 09 09,
www.jlbrendel.com. Vorzügliche Küche
(ebenfalls mit einem Michelin-Stern
ausgezeichnet), jahreszeit-bedingte
Spezialitäten (z. B. Wild) in typisch
elsässischem Ambiente (April–Mitte Okt.
Mi mittag, Do mittag und Di geschl.).

43 Kaysersberg

Erinnerung an Albert Schweitzer.

Das 3000 Einwohner zählende Städtchen
wird von einer mächtigen staufischen
Burgruine, der ehem. **Kaiserburg**, mit
charakteristischem zylindrischem Turm
überragt und weist zahlreiche malerische
Gassen, Höfe und Häuser auf. Das römische *Mons Caesaris* war eine Etappenstation auf der uralten Straße, die durch
das Tal der Weiß nach Lothringen führte.

Das mittelalterliche Kaysersberg entwickelte sich zu Füßen des 1227 im Auftrag Friedrichs II. erbauten Kastells. Aufgrund der verkehrstechnischen Lage
räumte der Kaiser dem Ort hohe Priorität
in seiner ›Raumplanung‹ ein. Die Stadt
erhielt 1293 die Reichsfreiheit und trat
1354 der *Dekapolis* bei.

Bedeutende Gelehrte und Theologen
kamen aus Kaysersberg, so der berühmte
Münsterprediger Johann Geiler (um
1473–1510), Matthäus Zell (1477–1548) sowie der Theologe, Arzt und Musiker **Albert Schweitzer** (1875–1965). An Letzteren erinnert im Westen der Altstadt bei
seinem Geburtshaus das nach ihm benannte kleine Musée du Docteur
Schweitzer (126, Rue du Général de Gaulle,
Tel. 03 89 47 36 55, Mai–Anf. Nov. tgl. 9–12
und 14–18 Uhr).

Weinberge und Wälder umkränzen Kaysersberg im reizenden Tal der Weiß

Der Protestantismus breitete sich in Kaysersberg eher zögernd aus. In der Französischen Revolution suchte man die Erinnerung an jegliche Kaiser zu tilgen und nannte den Ort *Montlibre*, Freiberg.

Die Baugeschichte der zentralen Kirche **Ste-Croix** reicht vom 12. bis ins 19. Jh. Jedoch blieb das einheitliche Konzept des basilikalen Raumes bei allen Veränderungen verbindlich. Aus dem 13. Jh. stammt das kraftvoll gegliederte **Westportal** mit der Darstellung der Marienkrönung.

Im **Inneren** verdienen etliche hervorragende Ausstattungsstücke aus spätgotischer Zeit Interesse: das *Heilige Grab* von 1514, ein *Retabel* mit geschnitzten Passionsszenen im Chor, von Hans Bongartz 1518 geschaffen, das *Relief* der Beweinung Christi und andere *Skulpturen*

Ausdrucksstarke Reliefs zur ›Passion Christi‹ am Hochaltar von Ste-Croix

Leben im Dienste der Menschlichkeit

Ein Elsässer in Afrika

Albert Schweitzer wurde am 14. Januar 1875 in Kaysersberg geboren. Er wuchs in Günsbach bei Münster auf, wohin er auch später noch häufig zurückkehrte.

Schweitzer begann seine Laufbahn als **evangelischer Theologe**, wurde bekannt durch seine Beiträge zur Leben-Jesu-Forschung, aber auch durch seine Bemühungen um eine Revitalisierung von Orgelbau und -musik. Mit seiner Veröffentlichung ›Deutsche und französische Orgelbaukunst‹ (1906) wurde er zum Bahnbrecher der weit über die Grenzen des Landes hinaus wirksamen **Elsässer Orgelreform**. Schweitzer machte sich auch als Interpret und Herausgeber der Orgelwerke von Johann Sebastian Bach einen Namen.

Doch die Sorge um den Menschen ließ ihn nicht ruhen. Sie bewog den Theologen und Musiker, dessen Philosophie die **Ehrfurcht vor dem Leben** in den Mittelpunkt seines Denkens und Wirkens stellte, Medizin zu studieren und 1913 ein **Tropenspital in Lambarene** (im heutigen Gabun) zu gründen. Durch Konzerte, Vorträge und Publikationen beschaffte er sich die Mittel für sein wegweisendes philanthropisches Lebenswerk. Schweitzer erhielt 1952 den Friedensnobelpreis. Am 4. September 1965 starb er in Lambarene.

des 16. Jh., darunter insbesondere die ausdrucksstarke *Kreuzigungsgruppe* am Triumphbogen. Peter Hemmel schuf den *Kalvarienberg* im nördlichen Westfenster (1470/71). Hinter der Kirche liegt ein *Beinhaus* mit Michaelskapelle im Obergeschoss.

Das neben Ste-Croix befindliche **Rathaus** von 1521 ist ein ansehnlicher Renaissancebau mit 1604 entstandenen Holzgalerien im Innenhof. Besonders schöne **Fachwerkhäuser** sind in der Rue du Général de Gaulle zu finden. Im 1521 erbauten Steinhaus Nr. 62 ist das Stadtmuseum **Musée Historique** (Tel. 03 89 78 11 11, Juli/Aug. Mi–Mo 10–12 und 14–18 Uhr) mit seiner interessanten Skulpturensammlung untergebracht. Sehenswert ist auch die befestigte **Brücke** über die Weiß, mit Schießscharten und ›Minikapelle‹ (1511). Gleich nebenan steht die mächtige *Hostellerie du Pont*, das ehem. ›Badhus‹.

i Praktische Hinweise

Information

Office de Tourisme, 39, rue du Général de Gaulle, Kaysersberg, Tel. 03 89 78 22 78, www.kaysersberg.com

Hotels

Aux Armes de France, 1, Grand'Rue, Ammerschwihr, Tel. 03 89 47 10 12, www.aux-armes-de-france.com. Komfortable Unterkunft in historischem Ambiente und mit exzellenter Küche (Mi geschl.).

Le Chambard a Kaysersberg, 9–13, Rue du Général de Gaulle, Kaysersberg, Tel. 03 89 47 10 17, www.lechambard.fr. Modernes, komfortables und entsprechend teures Hotel. Exquisites Restaurant (Mo, Di mittag und Mi mittag geschl.).

Restaurants

Neben diesen beiden Spitzenhotelrestaurants seien noch zwei weitere, wesentlich preisgünstigere, empfohlen, deren Küche erfreulich gut ist:

A l'Arbre Vert, 7, rue de Cigognes, Ammerschwihr, Tel. 03 89 47 12 23, www.arbre-vert.net. Mit Schnitzereien geschmückter Speisesaal (Di geschl.).

La Vieille Forge, 1, rue des Écoles, Kaysersberg, Tel. 03 89 47 17 51. Traditionelle elsässische Küche (Jan.–März Mi/Do geschl.).

44 Col du Bonhomme

Aussichtsreicher Pass zwischen Elsass und Lothringen.

Eine Vogesendurchquerung entlang der Vogesenkammstraße **Route des Crêtes** westlich von Kaysersberg auf der N415 führt durch ein landschaftlich außerordentlich reizvolles Gebiet. Am **Col du Bonhomme** (949 m) ist die Grenze Lothringens erreicht. Vom im Tal liegenden Örtchen *Le Bonhomme* ist in einer angenehmen zweistündigen Wanderung der nördlich gelegene, 1228 m hohe **Le Brézouard**, der Große Birschberg, zu erreichen. Oben eröffnet sich bei klarem Wetter eine grandiose Sicht: zum Donon (1009 m), zum Champ du Feu (1100 m), man sieht das Straßburger Münster, den Grand Ballon (1424 m), mitunter sogar den Mont Blanc (4807 m).

Folgt man der Route des Crêtes [s. S. 112] auf der kleinen D148 südwärts, gelangt man zu dem anmutigen Wintersportgebiet um den 1306 m hohen **Gazon du Faing**. Dank des Naturreservats ist die reizvolle Gegend auch im Sommer ein beliebtes Ausflugsziel.

45 Colmar

Aus dem ›Taubenschlag‹ wurde die drittgrößte Stadt des Elsass.

Die nach Straßburg und Mülhausen drittgrößte Stadt des Elsass hat unter den großen Kriegen der älteren und auch der jüngeren Vergangenheit vergleichsweise wenig zu leiden gehabt. Deswegen ist Colmar heute nicht nur ein kulturelles Zentrum, sondern mit seinem in weiten Teilen erhaltenen, historischen Stadtbild auch ausgesprochen erfreulich anzuschauen.

Geschichte Colmar, zweifellos eine der faszinierendsten Städte des Elsass, hat vergleichsweise spät Bedeutung erlangt, obwohl die Siedlung *Colombarium*, das heißt ›Taubenschlag‹, bereits in merowingischer Zeit bezeugt war.

Im 9. Jh. gab es hier ein Pfalzgut, das beim Zerfall des Karolingerreichs aufgeteilt wurde. 1214 erlangte die Siedlung das Stadtrecht. Fortan ging es nur noch bergauf, nicht zuletzt auch aufgrund der günstigen Verkehrslage am Ausgang des Munstertals.

Das Schwendi-Denkmal krönt den Brunnen auf der Place de l'Ancienne-Douane in Colmar

Ein Spaziergang durch Colmars Altstadt scheint den Besucher geradewegs ins Mittelalter zu führen, zumindest im Hinblick auf die größtenteils intakte Architektur

Unter Friedrich II. wurde Colmar reichsunmittelbar und 1220 von Friedrichs Vogt Wölflin erstmals befestigt. 1254 trat die Stadt dem Rheinischen Städtebund bei, 1260 wurde der Bischof von Straßburg besiegt, nachdem er Colmar vergebens belagert hatte. 1354 trat die Stadt der *Dekapolis* bei.

Trotz heftiger ›Klassenkämpfe‹ entwickelte sich die Stadt weiterhin gut. Ihr Reichtum basierte vor allem auf dem **Weinhandel**, die Handelsbeziehungen reichten bis ins Baltikum.

Hand in Hand mit der wirtschaftlichen entwickelte sich die **kulturelle Blüte**. Die Zunft der Meistersinger stand in hohem Ansehen, das Theaterleben ›boomte‹, mit *Paracelsus* ließ sich einer der bedeutendsten Wissenschaftler seiner Zeit in Colmar nieder. Der **Reformation** gegenüber war man aufgeschlossen, allerdings der gemäßigten lutherischen, nicht der radikalen Schweizer Variante. Beide Konfessionen kamen leidlich miteinander aus und daran änderte sich auch nach 1648,

Colmar

0 — 200 m

- 15 **Musée Unterlinden**
- 17 **Musée du Jouet**
- 13 **Église des Dominicains**
- 14 **Maison des Têtes**
- **St-Martin**
- 6 **Maison Adolph**
- 5 **Ancien Corps de Garde**
- 1 **Musée Bartholdi**
- 4
- 3 **Maison Pfister**
- 12 **St-Matthieu**
- 2 **Schongauer-Haus**
- 7 **Ancienne Douane**
- 8 **QUARTIER DES TANNEURS**
- 16 **Champ de Mars**
- 11 **Johanniter-haus**
- 10 **Musée d'Histoire Naturelle**
- 9 **LA KRUTENAU/ PETITE VENISE**

unter französischer Verwaltung, nichts. 1791 wurde Colmar **Verwaltungsmittelpunkt** der neu eingerichteten Präfektur *Haut-Rhin* (Oberelsass). Unter deutscher Verwaltung (1871–1918) entwickelte sich ein französischer Patriotismus, der sich den Idealen der Französischen Revolution verpflichtet wusste.

Besichtigung Ein Colmarer verlieh diesem Selbst- und Weltverständnis Ausdruck: Der 1834 geborene Bildhauer Frédéric-Auguste Bartholdi (†1904 in Paris) schuf u.a. 1886 die *Freiheitsstatue* in New York. Deren Modell ist im **Musée Bartholdi** ❶ (Tel. 03 89 41 90 60, www.musee-bartholdi.com, März–Dez. Mi–Mo 10–12 und 14–18 Uhr) zu sehen, das im Wohnhaus des Künstlers in der Rue des Marchands 30 eingerichtet wurde. Etwas rechts davon liegt das **Schongauer-Haus** ❷ mit seiner prächtigen Fassade, diesem gegenüber die mit reich geschnitztem Fachwerk und Grisaillemalereien geschmückte **Maison Pfister** ❸ von 1537. Daneben erhebt sich die ehem. Wachstube **Ancien Corps de Garde** ❹ mit ihren weiten Spitzbogen. Sie wurde 1575 anstel-

le eines Beinhauses erbaut. Stadtarchitekt Michael Berck fügte 1577–82 die zierliche Loggia an. Links davon steht die **Maison Adolph** ❺, das älteste Gebäude Colmars (1350).

Hinter dieser Häuserzeile erhebt sich die Pfarrkirche **St-Martin** ❻ (Mo–Sa 8–18, So 13–18 Uhr), die häufig ihrer Größe und dominierenden Stellung im Stadtbild wegen ›Kathedrale‹ oder ›Münster‹ genannt wird. Kathedrale war sie allerdings nur vorübergehend, in der Revolutionszeit, als hier ein vereidigter Bischof eingesetzt wurde.

Die Martinskirche ist die dritte an gleicher Stelle: Nach einer erst 1972 entdeckten ottonischen Basilika errichtete man 1106 einen romanischen Neubau. Dieser wurde ab 1170 zur heutigen Kirche umgebaut. Die Hauptbauzeit liegt um 1263, die Anlage ist stilistisch also nicht einheitlich.

Bemerkenswert ist die plastische Ausgestaltung der **Portale**. Das Tympanon der *Westfassade* aus dem 13. Jh. zeigt die Anbetung der Könige und das Jüngste Gericht. Die um 1230 entstandene Nikolauslegende des *Südportals* wurde wohl nachträglich hierher versetzt, das Jüngste

Von zarter, filigraner Schönheit ist Schongauers ›Madonna im Rosenhag‹

Martin Schongauer

Martin Schongauer gilt als einer der bedeutendsten Künstler der deutschen Spätgotik – deutsch insofern, als das Elsass im 15. Jh. noch ganz und gar zum deutschen Kulturkreis gerechnet werden muss. Schongauer wurde in Colmar um 1450 geboren, er starb 1491 in Breisach. Mit beiden Orten sind zugleich seine Hauptwerke benannt, die **Madonna im Rosenhag** von 1473, die sich heute in der Dominikanerkirche Colmar befindet, und das gewaltige **Weltgerichtsfresko** im Münster in Breisach, mit dessen Fertigung er 1489 beauftragt wurde.

Vom Vater Caspar hat Martin wohl das Goldschmiedehandwerk gelernt, das ihm zustatten kam bei seiner Tätigkeit als **Kupferstecher**. Als solcher ist er berühmt und ungemein einflussreich geworden. Schongauers **Einfluss** auf Dürer ist ebenso unbestritten wie der auf jüngere Künstler in Frankreich, Italien und Spanien. 115 Stiche insgesamt sind bekannt, sie sind zumeist religiösen Inhalts und zeugen sowohl von hoher technischer Meisterschaft als auch von Fantasie und Formsicherheit. Schongauer selbst wurde durch die damals bahnbrechende **Niederländische Malerei** angeregt, deren präziser Realismus ihn faszinierte. Biografisch ist wenig über Schongauer bekannt, von seinen großen Gemälden scheinen viele verloren gegangen zu sein. Bezeugt ist jedoch, dass seine Malerwerkstatt in Colmar die bedeutendste seiner Zeit in Süddeutschland war.

Gericht darüber stammt aus der Zeit nach 1250, ebenso die Figuren des äußeren Bogens. Im **Inneren** stammt das meiste aus dem 19. Jh., doch dieses ist besser als sein Ruf. Viel wurde während der Französischen Revolution zerstört, einige Wandmalereien auch nach dem Zweiten Vatikanischen Konzil (1962–65). Im nördlichen Seitenschiff und im Chor wurden 1903–10 Reste alter *Glasfenster* unterschiedlicher Provenienz geschickt ergänzt und zusammengefasst.

Südöstlich von St-Martin finden sich weitere beachtliche Häuser, etwa die **Ancienne Douane** ❼, das alte ›Koifhus‹. Es ist dies ein malerischer Gebäudekomplex, dessen einzelne Teile vom Ende des 15. bis zum 18. Jh. entstanden sind. Der **Brunnen** auf der Place de l'Ancienne-Douane ist dem Andenken des *Lazarus von Schwendi* gewidmet und stammt von Frédéric Auguste Bartholdi. Er zeigt den Offizier Karls V. mit dem Setzling einer Tokay-Rebe, den er angeblich aus Ungarn mitgebracht und im Elsass heimisch gemacht hat.

Jenseits des Platzes erstreckt sich entlang der Lauch das **Quartier des Tanneurs** ❽, das Gerberviertel, mit schönen Fachwerkhäusern. Man wollte es in den 1960er-Jahren abreißen, heute gilt es als Musterbeispiel gelungener Sanierung. Das südlich anschließende Viertel **La Krutenau** ❾ (Krautenau, d.h. Gemüsemarkt) wird wegen seiner malerisch am Fluss gelegenen Häuser auch **Petite Venise**, Klein-Venedig, genannt. Hier befindet sich in 11, Rue Turenne das naturkundliche **Musée d'Histoire Naturelle** ❿ (Tel. 03 89 23 84 15, Febr.–Dez. Mi–Mo 10–12 und 14–17 Uhr), das auch ethnologische und ägyptologische Sammlungen sowie ein Aquarium besitzt.

Apropos Venedig: Auf dem Rückweg zur Ancienne Douane und zum *Marché aux Fruits* verdient in der Rue St-Jean das **Johanniterhaus** ⓫ von 1608 Beachtung: Der Stadtbaumeister Albert Schmidt hat sich bei der Fassadengestaltung offensichtlich von venezianischen Palazzi anregen lassen.

Weiter nordwärts kommt man zum Komplex der 1292–1340 erbauten ehem. *Franziskanerkirche* mit Spital, das nach einem Brand barock wieder aufgebaut wurde. Die Kirche mit Glasfenstern aus dem Kreis um Hemmel und einer Silbermann-Orgel dient heute als evangelische Pfarrkirche **St-Matthieu** ⑫ (Besichtigung nur eingeschränkt möglich).

Vorbild der Franziskanerkirche war die 1283–91 erbaute **Église des Dominicains** ⑬ (Mitte März–Dez. tgl. 10–13 und 15–18 Uhr, Juli–Okt. zusätzlich Fr/Sa 10–18 Uhr) im Norden der Altstadt mit einem Langhaus aus dem 14. Jh. Beide Kirchen sind ›Bettelordensscheunen‹, d.h. weite, einfache Räume, die einerseits das Armutsideal der beiden Orden vor Augen stellen (keine Türme!), andererseits geeignet sind, viel Volk aufzunehmen und zu unterweisen. Die Dominikanerkirche ist besuchenswert wegen ihrer wunderbaren Glasfenster aus dem 13. und 14. Jh., vor allem aber wegen Martin Schongauers **Madonna im Rosenhag**, eines 1473 ursprünglich

für einen Seitenaltar der Martinskirche gemalten Tafelbildes. Nachdem das Gemälde im Januar 1972 entwendet und im Juni 1973 wieder aufgefunden worden war, hat man es in der besser gesicherten Dominikanerkirche aufgestellt. Es steht in der Tradition der im 15. Jh. sehr beliebten mystisch-symbolischen Darstellungen des ›Hortus conclusus‹, die Maria umgeben von Blumen und Singvögeln im mauerumschlossenen Garten des Paradieses zeigen. Schongauer hat den Typus dieses Andachtsbildes in einzigartiger Weise monumentalisiert, ohne ihm dabei seine Poesie zu nehmen.

Das im Norden angrenzende ehem. *Dominikanerkloster* dient heute als Stadtbibliothek. Ganz in der Nähe, in der Rue des Têtes, steht das ›Kopfhaus‹, **Maison des Têtes** ⑭, ein 1609 erbautes, reich mit Masken verziertes Renaissancegebäude mit prächtigem Volutengiebel.

Die kleine Gasse gegenüber dem Kopfhaus führt geradewegs zum ehem. *Dominikanerinnenkloster* ›Unterlinden‹, dessen Kirche 1269 durch Albertus Magnus geweiht wurde. Seit 1849 beherbergt es das **Musée Unterlinden** ⑮ (1, rue d'Unterlinden, Tel.

Petite Venise ist der Inbegriff Colmarer Fachwerkromantik

Inhaltlich und räumlich ist die gesamte Mittelaltersammlung des Musée Unterlinden auf den einzigartigen Isenheimer Altar ausgerichtet

Der Isenheimer Altar und Mathis der Maler

Mathis Neithardt oder Nithart, später von ihm selbst in Gothardt umgewandelt, war der wirkliche Name des allgemein als **Matthias Grünewald** gekannten Malers.

Nicht allzuviel weiß man von diesem genialen Künstler an der Wende zwischen Spätgotik und Renaissance. Datierte Arbeiten gibt es seit 1503. Ersichtlich baut er auf Schongauer und Holbein auf, kennt die mittelrheinische Malerei und die Donauschule. Er wurzelt in der Spätgotik, setzt sich aber über deren Konventionen hinweg.

Ins Elsass kam er aufgrund des Auftrags, den ihm die Antoniter für ihr **TOP TIPP** Spital in Isenheim gaben: Der gewaltige **Isenheimer Altar**, der sich heute im Musée Unterlinden in Colmar befindet, ist ein **Wandelretabel** mit neun Gemälden und geschnitztem Mittelschrein. Im geschlossenen Zustand zeigt er die Kreuzigung in kaum zu überbietender Drastik. Alles Leid der Menschheit scheint eingefangen im Bild des **leidenden Christus**, das

von den Flügelgemälden der Krankenpatrone Sebastian und Antonius flankiert wird.

Der Wandelaltar konnte je nach liturgischer Jahreszeit verändert, geöffnet oder geschlossen werden. An Sonntagen war die zweite Schauseite zu sehen, eine Folge strahlender, tröstlicher Bilder – Engelskonzert, Verkündigung, Geburt und Auferstehung Christi. Einzigartig, wie sich die **Lichtgestalt Christi** aus dem Grab erhebt, malerisch verifiziert im Übergang sämtlicher Farben des Spektrums ineinander und kulminierend in strahlendem Gelb.

Die zweite Öffnung steigert sich zur Dreidimensionalität des **Schnitzwerks** von Niklas Hagenower (um 1460–1538), auch Nicolaus von Hagenau genannt. Die Figur des Einsiedlers Antonius wird flankiert von Gemälden aus der Legende des Heiligen.

Mathis, der Maler, hat sein Retabel um 1515 vollendet. Es gilt nicht nur als sein persönliches Hauptwerk, sondern das einer ganzen Epoche.

03 89 20 15 50, www.musee-unterlinden.
com, Mai–Okt. tgl. 9–18 Uhr, Nov.–April
Mi–Mo 9–12 und 14–17 Uhr). Es ist nicht
nur wegen des berühmten **Isenheimer
Altars** von Matthias Grünewald besuchenswert. Das Spektrum seiner Sammlungen reicht von prähistorischen und
archäologischen Funden über mittelalterliche Skulptur bis hin zu elsässischer
Malerei und Gegenwartskunst. Sehenswert ist auch der **Kreuzgang** mit seinen
Maßwerkfenstern (13. Jh.) an der Place
d'Unterlinden.

Wer länger Zeit hat, wird in Colmar noch
viel Interessantes entdecken. Man kann
z. B. im Südwesten durch den länglichen
Park des **Champ de Mars** ⑯ flanieren
oder sich auf der gegenüberliegenden
Seite der Altstadt in der Rue Vauban 40
das sehr unterhaltsame Spielzeugmuseum **Musée du Jouet** ⑰ (Tel. 03 89 41 93 10,
www.museejouet.com, wg. Renovierung
bis 15. April 2011 geschl., anschließend bis
Juni und Okt./Nov. Mi–Mo 10–12, 14–18
Uhr, Juli/Aug. und Dez. tgl. 10–18 Uhr, Sept.
tgl. 10–12 und 14–18 Uhr) ansehen.

ℹ Praktische Hinweise

Information

Office de Tourisme, 4, rue d'Unterlinden,
Colmar, Tel. 03 89 20 68 92, www.ot-
colmar.fr

Hotels

Formule 1, 33, route de Strasbourg,
Colmar, Tel. 03 89 41 06 06, www.hotel
formule1.com. Die Einrichtung ist
funktional, der Preis nicht zu unter-
bieten.

TOP TIPP **Hostellerie Le Maréchal**,
4, place Six Montagnes Noires,
Colmar, Tel. 03 89 41 60 32, www.
hotel-le-marechal.com. Sehr angenehme Unterkunft in einem Haus des 16. Jh.
in ›Klein Venedig‹. Gehobene Preisklasse,
auch was das angeschlossene, vorzügliche Restaurant betrifft.

TOP TIPP **Maison des Têtes** (Kopfhaus),
19, rue des Têtes, Colmar, Tel.
03 89 24 43 43, www.maisondes
tetes.com. Angenehme Unterkunft in
historischem Ambiente. Gutes Restaurant, gehobene Preisklasse (Restaurant
Mo, Di mittag und So abend geschl.).

Restaurants

Chez Hansi, 23, rue Marchands, Colmar,
Tel. 03 89 41 37 84. Beliebtes Lokal mit
Garten und lokalen Spezialitäten,
zentral gelegen und preisgünstig
(Mi/Do geschl.).

*Erste Wahl für Gourmets ist das Restaurant
in der historischen Maison des Têtes*

TOP TIPP **Le Rendez-vous de Chasse**, Grand' Hotel Bristol, 7, place de la Gare, Colmar, Tel. 03 89 23 59 59. Im Gourmet-Restaurant des Hotels verwöhnt die junge Sterneköchin Michaela Peters aus dem Münsterland ihre Gäste.

46 Turckheim
Türkheim

Weinstadt am Eingang zum Munstertal.

Weniger einzelne Baudenkmäler als vielmehr die Geschlossenheit und **Atmosphäre** des Ganzen sowie das harmonische Zusammenspiel seiner Teile machen das Stadtbild von Turckheim so reizvoll.

Die Stadt am Eingang zum Munstertal blieb lange von der mächtigen Abtei Munster, damals noch Münster, im Westen abhängig. 1312 verlieh ihr der Kaiser das Marktrecht. Zu dieser Zeit entstand die mit ihren drei Türmen teilweise noch gut erhaltene **Befestigung**. Nachdem die Siedlung von Karl IV. das Stadtrecht verliehen bekommen hatte, trat sie 1354 der *Dekapolis* bei.

In kriegerische Ereignisse war Türkheim zweimal verwickelt: den Dreißigjährigen Krieg 1618–48 und die entscheidende Schlacht am 5. Januar 1675 zwischen Kaiserlichen und Franzosen, bei der Letztere siegten.

Die altehrwürdige Kunst der Weinherstellung vererbt sich vom Vater auf den Sohn

Innerhalb des reizvollen Ensembles verdienen einige Bauwerke besondere Erwähnung, z. B. das **Rathaus** von 1620, umgeben von stattlichen Bürger- und Fachwerkhäusern. Vor allem die **Grand' Rue** bietet einen pittoresken, einheitlichen Anblick – die Häuser Nr. 45, 47, 79 und 96 stammen durchweg aus dem 16. und 17. Jh. Die klassizistische Kirche **Ste-Anne** wurde 1839 auf den Grundmauern eines Vorgängerbaus aus dem 12. Jh. errichtet, ihr Turm stammt aus dem 15. Jh.

Hohlandsbourg

Der Eingang zum Munstertal und damit auch die Stadt Turckheim wird von der südlich gelegenen Hohlandsburg beherrscht, die sich seit dem 13. Jh. auf einer seit Urzeiten bewohnten Höhenkuppe erhebt. Das Areal wird durch ein zusätzliches turmbewehrtes Mauergeviert geschützt. Zeitweilig war die Burg ein wichtiger Stützpunkt der Habsburger im Elsass. Später (1563) besaß und restaurierte sie Lazarus von Schwendi. 1637 wurde die Burg auf Befehl Kardinal Richelieus zerstört.

ℹ Praktische Hinweise

Information

Office de Tourisme, Rue Wickram, Corps de Garde, Turckheim, Tel. 03 89 27 38 44, www.turckheim-alsace.com

Hotel

Les deux Clefs, 3, rue du Conseil, Turckheim, Tel. 03 89 27 06 01, www.hotellerie-deuxclefs.fr. Angenehme, komfortable Unterkunft in historischem Fachwerkhaus in der Ortsmitte. Hotel garni.

47 Munster
Münster

Von Passstraßen, verschwundenen Mönchen und wiedergekehrten Störchen.

Die verkehrstechnische Bedeutung des Munstertals wird schon bei einem kurzen Blick auf die Landkarte deutlich. Gleichzeitig handelt es sich um eine Strecke von bemerkenswerter **landschaftlicher Schönheit**.

Von Turckheim folgt die D417 bzw. die kleinere D10 dem Lauf der Fecht. Sie führt vorbei an entzückenden kleinen Orten wie dem Mineralbad *Soultzbach-les-*

Frischer Munsterkäse ist ein würziger Genuss – nicht nur für Feinschmecker

Auf Schornsteinen und Dachgiebeln bauen Störche heute wieder ihre schönen Nester

Bains und *Wasserbourg*, etwas südlich am Krebsbach, und steigt bis Munster vergleichsweise sanft an.

Vom namengebenden Kloster Munster ist im gleichnamigen Ort nicht mehr viel übrig geblieben. Die einst bedeutende, 660 gegründete **Benediktinerabtei** wurde 1790 aufgehoben. Reste der 1802 abgetragenen Kirche und das im 18. Jh. neu erbaute Abtshaus haben sich an der *Place du Marché* erhalten. Die vormals mächtige, mit Mauern umgebene Stadt macht heute eher den Eindruck eines lang gezogenen Straßendorfes. Wahrzeichen sind weniger die ehem. *Markthallen* (1503), der *Marktbrunnen* (1576) und das **Rathaus** (um 1550, Hofseite 1652), als vielmehr die auf dessen Dächern zu Dutzenden stehenden, nistenden und brütenden **Störche**. Früher überall im wasser- und feuchtwiesenreichen Elsass anzutreffen, sind sie in den letzten Jahrzehnten rar geworden, haben sich aber neueren Wiedereinbürgerungsversuchen, wie man sieht, nicht widersetzt. Höchstens der beliebte **Munsterkäse** kann den Tieren als heimische Attraktion den Rang ablaufen.

Le Linge

11 km nördlich von Munster bei dem kleinen Städtchen Orbey kann in Le Linge ein **Schlachtfeld** des Ersten Weltkrieges besichtigt werden. Hier fanden am 15. Oktober 1915 verlustreiche Kämpfe statt, die 17000 Todesopfer forderten. Danach zog sich ein zäher Stellungskrieg bis zum 11. November 1918 hin. Das unter Denk-

malschutz stehende Areal mit dem Museum **Mémorial du Linge** (Tel. 0389 772997, www.linge1915.com, Mitte April–Okt. tgl. 9–12.30 und 14–18 Uhr) in 1000 m Höhe ermöglicht informative und eindringliche Einblicke in die damaligen Geschehnisse.

Col de la Schlucht

Von Munster windet sich die Straße nach Westen in abenteuerlichen Serpentinen hinauf zum Pass, zum 1159 m hohen **Col de la Schlucht**. Hier verlief von 1871 bis 1919 die deutsch-französische Grenze. In

Die Wanderrouten um den Ballon d'Alsace sind in jeder Hinsicht gut ausgebaut

Nach wie vor ist die einstige Festung Neuf-Brisach eine Hochburg der Militärs

Auch weniger kriegerisches Brauchtum wird hochgehalten – und Spaß macht's allemal

einer knappen Stunde kann man vom Pass zu Fuß den 1245 m hohen **Montabey** erklimmen oder sich im Sommer bequemer mit dem Sessellift hinaufbringen lassen. Vor allem bei klarem Wetter ist die Fernsicht einfach atemberaubend. Weiter im Süden lädt die Martinswand zum Klettern ein.

Am Pass kreuzt die D 417 die landschaftlich ungemein reizvolle Höhenstraße **Route des Crêtes**, die 103 km lang über die Höhen führt, vom Col du Bonhomme [Nr. 44] über den Grand Ballon, den höchsten Berg der Vogesen, nach Cernay und Thann. Die Straße, die im Ersten Weltkrieg als Militärstraße angelegt wurde, führt abwechslungsreich durch Wälder und Weiden und bietet großartige Ausblicke.

ℹ️ Praktische Hinweise

Information

Office de Tourisme, 1, rue du Couvent, Munster, Tel. 03 89 77 31 80, www.la-vallee-de-munster.com

Hotel

Chalet Hôtel Le Collet, Col de la Schlucht, Tel. 03 29 60 09 57, www.chalethotel-lecollet.com. In malerischer Aussichtslage lädt das im Chalet-Stil erbaute Hotel mit 25 gemütlichen Zimmern und Restaurant zum Ausspannen ein (Restaurant Mi und Do mittag geschl.).

48 Neuf-Brisach
Neubreisach

Eindrucksvolle Vauban-Festung am Rhein.

Von Colmar führt die N415 durch den Kastenwald in die Ebene nach Osten. Ziel ist die **Festungsstadt** Neuf-Brisach, die Vauban 1698–1708 im sog. *Dritten System* errichten ließ. Der Terminus bezeichnet den ausgereiftesten Typus Vaubanscher Fortifikationskunst. Die Anlage ist achteckig, die Vorwerke sind stark unterteilt, die Böschungen steil, die Mauern mit Schikanen verstärkt. Das Ganze sieht am schönsten aus der Vogelperspektive aus. Immerhin lässt sich die strenge Logik der einzigartig gut erhaltenen Anlage auch im Begehen erleben: Von den vier Toren sind noch zwei vorhanden. In der *Porte de Belfort* befindet sich das **Musée Vauban – Musée d'Histoire Militaire** (Tel. 03 89 72 03 93, Mai–Sept. Mi–Mo 10–12 und 14–17 Uhr), das neben Militär- auch Stadtgeschichte veranschaulicht.

Im Inneren des Stadt-Oktogons sind die Straßen schachbrettartig angeordnet, die Häuser einheitlich gestaltet und verhältnismäßig niedrig. Sie durften die Mauern nicht überragen. Die Mitte der Stadt bildet der quadratische ehem. Exerzierplatz **Place d'Armes Général de Gaulle** mit je einem *Brunnen* in jeder Ecke und der 1731–77 erbauten Kirche *St-Louis*. Alles wirkt ausgesprochen klar, streng und nüchtern.

Biesheim

Besuchenswert sind zwei Museen im nur wenig nördlich gelegenen, über die D468 erreichbaren Biesheim. Da ist einmal an der Place de la Mairie das **Musée Gallo-Romain** (Le Capitole–Place de la Mairie, Tel. 03 89 72 01 58, Mi–Fr 14–17.30, Do auch 9–12, Sa/So 14–17 Uhr) mit archäologischen Funden aus der Region. Beim anderen handelt es sich um das im gleichen Gebäude untergebrachte **Musée de l'Instrumentation Optique** (Tel. 03 89 72 01 59, Öffnungszeiten wie oben), das rund 200 optische Geräte aus Vergangenheit und Gegenwart zeigt.

ℹ Praktische Hinweise

Information

Office de Tourisme, 6, place d'Armes, Neuf-Brisach, Tel. 03 89 72 56 66, www.tourisme-paysdebrisach.com

Restaurant

Les Remparts, 9, rue Hôtel de Ville, Neuf-Brisach, Tel. 03 89 72 76 47, Gutes, preisgünstiges Restaurant mit ›Winstub‹ in zentraler Lage (Mo und Do abend geschl.).

49 Éguisheim
Egisheim

TOP TIPP *Das reizende Winzerdorf ist stolz auf seine Verbindung zu Papst Leo IX.*

Éguisheim ist ein wunderschönes, kleines Städtchen mit malerischen Gassen und Fachwerkhäusern, von denen allerdings

Ein wahrer Schilderwald lädt ein zur unabdingbaren Weinverkostung

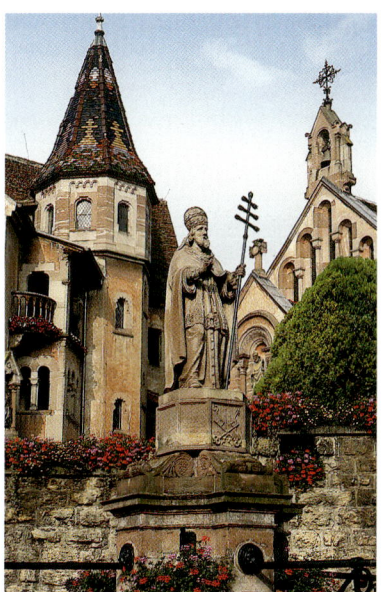

Éguisheim erinnert sich gern an Papst Leo IX. aus hiesiger fürstlicher Familie

kaum eines weiter als ins 17. Jh. zurückgeht.

Entlang der gut erhaltenen Befestigung führt der ausgeschilderte Rundweg **Circuit des Remparts**. Der Stadtgrundriss zeigt ein Quadrat mit abgerundeten Ecken. Genau in der Mitte befindet sich, auf achteckigem Grundriss, das im 19. Jh. allzu heftig restaurierte **Schloss**. Man wollte damals eine Gedenkstätte für Papst Leo IX. aus dem Geschlecht der Grafen von Egisheim schaffen. Auf dem Gelände befand sich eine **romanische Kirche**, die Ende des 19. Jh. durch einen Neubau ersetzt wurde. Erhalten blieb ein frühgotisches, reich ornamentiertes und farbig gefasstes *Portal* mit dem Weltenrichter zwischen Petrus und Paulus. Die Kirche wird nur im Rahmen von Stadtführungen, die von der Touristeninformation [s.u.] im Sommer auch kostenlos jeden Donnerstag um 17 Uhr angeboten werden, geöffnet.

Gueberschwihr

1445 brannten die Armagnaken das Dorf fast vollständig nieder. Die Pfarrkirche **St-Pantaléon** wurde 1875–82 im neoromanischen Stil erbaut, wobei man den prachtvollen Vierungsturm des romanischen Vorgängers einbezog. Im Inneren stellen um 1900 entstandene Wandbilder von Martin Feuerstein Szenen aus dem Leben des Titelheiligen dar. Im nahe gelegenen **Pfaffenheim** hat sich an der neuromanischen Kirche St. Martin ein reich ornamentierter polygonaler Chor aus der Zeit um 1200 erhalten, das einzige Beispiel dieser Art im Elsass.

▶ Route des Cinq Châteaux

TOP TIPP Als alternative Strecke von Colmar oder Turckheim nach Süden kann die sehr schöne Route des Cinq Châteaux, auch **Route des Châteaux Forts** genannt, empfohlen werden, die westlich der N83 am Berghang verläuft. Wer sie wählt, kommt an den Schlössern **Pflixbourg** aus dem 13. Jh., **Hohlandsburg** [s. S.110] und **Haut-Éguisheim** vorbei. Dieses Hoh-Egisheim seinerseits besteht aus drei Burgen: *Dagsburg* (13. Jh.), *Wahlenburg* (12. Jh.) und *Wekmund* (11. Jh.). Vor allem von letzterer ist die weite Aussicht über die Ebene hinreißend. Alle drei gehörten den mächtigen Grafen von Éguisheim, daher werden die drei **Donjons d'Éguisheim** im Volksmund ›die drei Exen‹ genannt.

ℹ Praktische Hinweise

Information

Office de Tourisme, 22 a, Grand'Rue, Éguisheim, Tel. 03 89 23 40 33, www.ot-eguisheim.fr

Als Dreigestirn beherrschen die ›Exen‹ die Gegend südlich von Éguisheim

Hotel

Hostellerie des Comtes, 2, rue des Trois Châteaux, Éguisheim, Tel. 03 89 41 16 99, www.hostellerie-des-comtes.com. Preisgünstig und angenehm (Restaurant April–Nov. tgl. 12–14, 19–21.30 Uhr).

50 Rouffach
Rufach

Fluch und Segen einer Bischofsstadt.

Rouffach war im 12. Jh. ein wichtiger Stützpunkt der bischöflichen Macht, was ihm mehrfach Zerstörung durch die Soldaten des Kaisers einbrachte. Trotzdem wurde Rufach Hauptstadt des bischöflichen Territoriums, des sog. **Mundats**.

Im 13. Jh. wurden die Befestigungen der Stadt angelegt, im 14. Jh. erneuert. Judenpogrome (1308 und 1338), Plünderungen durch die Armagnaken (1444) und heftige Kämpfe im Dreißigjährigen Krieg (1633–35) dezimierten Bevölkerung und historische Substanz. 1663 wurde das Mundat französisch, die Befestigung abgetragen. Trotz allem haben sich ein reizvolles Ortsbild und wichtige Baudenkmäler erhalten.

Zentrum des Ortes ist die weite **Place de la République**. Hier konzentriert sich alles Wesentliche: das direkt an die Stadtmauer angebaute **Alte Rathaus** mit seinen beiden Renaissancegiebeln von 1581 und 1617, der Hexenturm **Tour des Sorcières** (14. Jh.) und das **Kornhaus** von 1569 mit seinem Treppengiebel.

Dieser ›weltlichen‹ Gruppe gegenüber steht die mächtige Pfarrkirche **Notre-Dame de l'Assomption** (tgl. 8–19 Uhr). Der Bedeutung der Stadt entsprechend handelt es sich um einen sehr aufwendigen Bau. Bei einem Rundgang um die Kirche kann man ihre Baugeschichte ablesen und die höchst originellen **Skulpturen** betrachten, die in luftiger Höhe das Gebäude beleben. Da endeckt man u. a. einen Bauern, der einer äußerst attraktiven, obwohl animalisch behaarten Schönen, Stilaugen macht.

Zunächst zur **Baugeschichte**: Apsiden und Querschiff stammen noch aus dem 11. Jh. Im 12. Jh. wurde der basilikale Bau eingewölbt und mit Strebepfeilern versehen. Gegen 1200 begann man mit der Erneuerung des Langhauses, das somit den *frühesten gotischen Bau* im Elsass darstellt. Im 13. Jh. entstanden Vierungsturm

Schwer zu sagen, was schöner ist: die herrliche Aussicht auf Rouffach oder das warme Wasser im Swimmingpool des Hotels Château d'Isenbourg

und verlängerter Chor und im 14. Jh. begann Meister Wölflin mit dem Bau der Fassade und schuf das prachtvolle Rosenfenster. Aber nur der mittlere Teil und die Untergeschosse der beiden Türme sind alt, der weitere Aufbau erfolgte erst 1866–78 und wurde dann eingestellt.

Im **Innenraum** gibt es qualitätvolle Figurenkonsolen, ein prächtiges Rittergrabmal aus dem 14. Jh. sowie eine Marienleuchte und einen Taufstein vom Ende des 15. Jh. Die übrige Einrichtung stammt größtenteils aus dem 19. Jh.

Erwähnt sei noch die heute profanierte **Franziskanerkirche** an der Hauptstraße (13. und 15. Jh.) sowie der östlich davon, unmittelbar außerhalb der Mauern eingerichtete **Storchenpark**, dank dem sich die Störche nun wieder in der Stadt heimisch fühlen.

ℹ️ Praktische Hinweise

Information

Office de Tourisme, 12 A, place de la République, Rouffach, Tel. 03 89 78 53 15, www.ot-rouffach.com

Hotels

Château d'Isenbourg, Route de Pfaffenheim, 2 km nördlich von Rouffach, Tel. 03 89 78 58 50, www.isenbourg.com. Luxushotel in einem Schloss des 19. Jh. traumhaft inmitten der Weinberge gelegen, mit prächtigem Blick auf Rouffach und allem erdenklichen Komfort (Spa mit beheizten Schwimmbädern, Hammam, Sauna). Ein Golfplatz liegt in der Nähe.

A la Ville de Lyon, 1, Rue Poincaré, Rouffach, Tel. 03 89 49 65 51,

Zentrum der Altstadt ist die romanischgotische Pfarrkirche Notre-Dame de l'Assomption

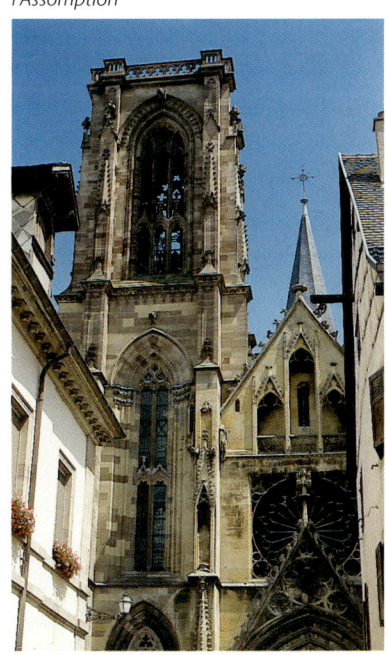

www.alavilledelyon.eu. Modernes Hotel in einem Postbüro aus dem 16. Jh.

Restaurant

Philippe Bohrer, 1, Rue Poincaré, Rouffach, Tel. 03 89 49 62 49, www.philippe-bohrer.fr. Exquisites, mit einem Stern ausgezeichnetes Gourmet-Restaurant (Mo mittag, Mi mittag und So geschl.).

51 Guebwiller
Gebweiler

Die Stadt der Äbte im Florival, dem Blumental.

Historisch ist die Stadt im Lauchtal ganz und gar abhängig von der einst mächtigen Abtei Murbach im Westen, aus deren Meierhof sie im 8. Jh. hervorgegangen war. Um 1200 entwickelte sie sich zum **Verwaltungsmittelpunkt** der Ländereien des Klosters. Im 18. Jh. verließen die Mönche die Einsamkeit von Murbach und fanden in ihrer Stadt ein neues, komfortableres Unterkommen. Heute leben die knapp 12 000 Einwohner recht gut von Maschinenindustrie, Weinbau und Tourismus.

Die Stadt, die sich entlang des Flüsschens Lauch erstreckt, wurde von den Äbten des Klosters mit wehrhaften **Burgen** umgeben. Gegen 1270 wurde sie befestigt. Als die Armagnaken versuchten, 1445 die Stadt zu stürmen, bewährten sich die Mauern vortrefflich. Einige der damals angelegten Leitern werden zum Andenken in der Kirche St-Léger aufbewahrt. Probleme gab es dennoch, und zwar mit den Untertanen. Im Bauernkrieg 1525 plünderten sie Kloster und Stadt. Auch im Dreißigjährigen Krieg wurde Gebweiler zerstört.

Nach innen mussten also Zugeständnisse gemacht werden. Schon im 14. Jh. verlieh der Abt der Bürgerschaft eine Reihe von Privilegien, erbaute sich aber auch demonstrativ inmitten der Stadt ein Schloss. Diese **Neuenburg** gewann im 18. Jh. besondere Bedeutung. Von 1759 bis zur Aufhebung des Klosters in der Französischen Revolution residierten hier die Äbte. Das barock umgestaltete Schloss ist heute eine Schule und bildet mit den ebenfalls im 18. Jh. erbauten Kanonikerhäusern ein eindrucksvolles Ensemble.

Im Haus des Probstes, links vom Eingang der Kirche Notre-Dame, befindet sich das **Musée du Florival** (1, rue du 4 février, Tel. 03 89 74 22 89, Mi–Fr 14–18, Sa/So/Fei 10–12 und 14–18 Uhr). *Florival*, ›blühendes Tal‹, lautet die poetische Bezeichnung für das Tal von Murbach. Das Museum enthält bedeutende Skulpturen sowie lokalgeschichtliche Sammlungen.

Kern- und Bezugspunkt des besagten Ensembles aber ist die **Église Notre-Dame**. Erbaut 1762–85, ist sie das größte klassizistische Kirchengebäude des Elsass. Der Turm wurde erst 1845 hinzugefügt. **Fassade** und **Innenraum** sind von nobler Großzügigkeit, die Details von beachtlicher Qualität. Stilistisch ist alles aus einem Guss und lebt doch von bewusst inszenierten *Spannungen*, etwa zwischen der strengen, antikisierenden Architektur und den freien plastischen Erfindungen des Fidelis Sporer (1731–1811) aus Weingarten. Italienisches Pathos, süddeutsche Heiterkeit und französische Rationalität verbinden sich in diesem Bau ebenso miteinander wie barocke Dynamik und klassizistische Noblesse.

Unweit vom **Rathaus** aus dem 16. Jh. mit seinem reizvollen Erker liegt in einer Seitenstraße rechts die ehem. **Dominikanerkirche** aus dem 14. Jh., die noch Reste von Wandmalereien enthält. Sie wurde zum Kulturzentrum **Centre Culturel Départemental des Dominicains de Guebwiller** umgebaut (Mai–Sept. Di–Fr 10–13 und 14–18 Uhr, Sa/So/Fei 14–18 Uhr, Okt.–April Di–Fr 10–13 und 14–17 Uhr).

Über die *Rue de la République* gelangt man in die Oberstadt. Hier erhebt sich

Die St.-Leodegar-Kirche hat im Laufe der Zeit schon so manchen Sturm überstanden

Klassizistisch gestalteten Louis Beuque und Gabriel Ritter Notre-Dame in Guebwiller

in der Stadtmitte die Kirche **St-Léger**, auf deutsch St. Leodegar. 1182 begonnen, kann sie als wunderbar reines Beispiel eines von Burgund geprägten **spätromanischen Stils** gelten. Die zweitürmige, ursprünglich nur dreischiffige Basilika mit Querhaus, Vierungsturm, Vorhalle und darüber befindlicher Michaelskapelle fasziniert durch schlechthin stimmige Proportionen, konsequente Logik des architektonischen Systems und qualitätvolles skulpturales Dekor. Aus dem ›gebundenen System‹ der Wölbung – auf ein Hauptschiffjoch kommen zwei Querschiffjoche – resultiert der Rhythmus des Stützenwechsels. Trotz Rippenwölbung und Spitzbogen ist der Raumeindruck noch ganz romanisch, wogegen Chor und später angefügte äußere Querschiffe die Sprache der Gotik sprechen.

Soultz-Haut-Rhin/Sulz

Im südlich an Guebwiller anschließenden Soultz lohnt die bemerkenswerte gotische Kirche **St-Maurice** (tgl. 14–18 Uhr) mit Wandmalereien, Skulpturen und einer Orgel des Silbermann-Sohnes einen Besuch.

In dem Örtchen haben sich viele alte Häuser und Teile der Befestigung erhalten. Die alte Wasserburg **Bucheneck** beherbergt ein sehenswertes *Heimatmuseum* (Rue Kageneck, Tel. 03 89 76 02 22,

Mai–Okt. Mi–Mo 14–18 Uhr). Außerdem gibt es in den Gebäuden der ehem. *Commanderie St-Jean* der Malteserritter in der *Rue Jean Jaurès* das Spielzeugmuseum **La Nef des Jouets** (Tel. 03 89 74 30 92, Mi–Mo 14–18 Uhr) sowie am Ortsrand ein *Wiedereinbürgerungsgelände* für Störche, das die Vögel, die einst für die Städte und die Landschaft im Elsass charakteristisch waren, wieder anzusiedeln versucht.

Thierenbach

Die **Wallfahrtskirche** von Thierenbach liegt südwestlich auf einer Anhöhe in der Nähe von Jungholtz, das einen großen jüdischen Friedhof besitzt. Die Wallfahrt nach Thierenbach geht auf das 8. Jh. zurück. Im 12. Jh. gründeten die Benediktiner ein Priorat, das bis zur Französischen Revolution Bestand hatte. Die heutige Hallenkirche wurde 1717–23 von Peter Thumb erbaut. Nach einem Brand 1884 und schweren Zerstörungen im Ersten Weltkrieg musste sie allerdings weitgehend neu errichtet werden.

Die Kriegsschäden an der Kirche hängen mit den Kämpfen 1915/16 am nahen **Vieil Armand**, dem Hartmannsweilerkopf, zusammen. An die dort gefallenen Soldaten sowie die Kriegsschäden erinnert ein Ehrenmal mit Statuen des einflussreichen Bildhauers Emile-Antoine Bourdelle (1861–1929).

ℹ **Praktische Hinweise**

Information

Office de Tourisme, Hôtel de Ville, 71, Rue de la République, Guebwiller, Tel. 03 89 76 10 63, www.tourisme-guebwiller.fr

Hotel

Alsace, 140, Rue de la République, Guebwiller, Tel. 03 89 76 83 02, www.sarlhotel alsace.com. Freundliches, aber einfaches und entsprechend preiswertes Hotel.

52 Murbach

Denkmal einstiger kirchlicher Größe.

Der Weg führt in ein stilles Seitental der Lauch. Man betritt das Gelände der einst mächtigen **Abtei** (Sommer tgl. 9–19, Winter 9–17 Uhr) durch ein schönes Tor des 17. Jh., hoheitsvoll ragt die **Doppelturmfassade** der Abteikirche auf, harmonisch gegliedert, wunderbar in die Landschaft eingebunden. Die Ernüchterung folgt beim Weitergehen: Vom Bau der romanischen Leodegarkirche sind nur noch Chor, Querschiff und Türme vorhanden. Wo einst das Langhaus war, erstreckt sich heute ein Friedhof. Vergänglichkeit könnte kaum eindrucksvoller artikuliert werden.

Gegründet wurde das Kloster in der Merowingerzeit, 727 führte der hl. Pirmin die Benediktinerregel ein. Bischof und Adel statteten die Gründung mit reichem **Landbesitz** aus. Murbach war reichsunmittelbar und unterstand bischöflicher Jurisdiktion nur bedingt. Reiches **kulturelles Leben** konnte sich entfalten, das Kloster galt als Zentrum der ›Karolingischen Renaissance‹. Seine *Bibliothek* umfasste Tausende von Handschriften.

Krisen und Kriege, Burgenbau und Zwistigkeiten erschöpften die Kassen der Abtei. Disziplin, Bildung und Frömmigkeit ließen nach, im 15. Jh. war ein **Tiefpunkt** erreicht.

Eine letzte **Blüte** erlebte die Abtei am Vorabend der Reformation unter dem humanistisch gebildeten Abt Bartholomäus von Andlau. Die Reformation selbst konnte sich auf dem Territorium des Klosterstaates nicht durchsetzen, vorsorglich wurden zur Abschreckung einige ›Irrgläubige‹ verbrannt. Im Bauernkrieg machte sich die Wut der Unterdrückten in Plünderungen Luft. Im 16. und 17. Jh. war Murbach ein kleines **Fürstentum**, Kommenditaräbte aus dem europäischen Hochadel wurden mit der Verwaltung betraut, vor Ort führte ein Prior die Geschäfte.

Am Ende des Dreißigjährigen Krieges, der der Abtei übel mitgespielt hatte, war nur noch ein einziger Mönch übrig geblieben. Die Bibliothek war in alle Winde zerstreut. Wesentliche Teile bewahrt heute die Städtische Bibliothek Colmar.

Drastische Ausdruckskraft kennzeichnet die ›Passion Christi‹ auf dem Buhler Flügelaltar

Szenen aus dem Leben Mariens zeigt das großartige Figurenportal der ehem. Stiftskirche St. Theobald in Thann

Doch noch einmal fand sich im 18. Jh. ein Konvent zusammen, ein **Wiederaufbau** war geplant. Provisorisch richtete man sich in Gebweiler ein, fand aber bald an diesem Zustand Gefallen. Nach zwanzigjährigen Verhandlungen mit Rom und Versailles wurde schließlich 1759 die Umwandlung des Klosters in ein adeliges Stift und der Verbleib der Brüder in Gebweiler genehmigt.

Die Murbacher Klosterkirche diente in der Folgezeit als Steinbruch. Chor und Querschiff überließ man dem Dorf Murbach als **Pfarrkirche**. Den endgültigen Schlussstrich zog die Zerstörungswut der Französischen Revolution.

Die in Murbach verbliebenen Reste geben noch immer eindrucksvoll Zeugnis von vergangener Größe. Der imperiale Bau dürfte um 1150 entstanden sein. Machtvolle Löwen und elegante Weinranken zieren das Tympanon des **Südportals**, wie wahllos eingestreut wirken dagegen die teilweise rätselhaften, hoch oben angebrachten Skulpturen der monumentalen Chorfassade.

Im **Kircheninneren** verdienen einige Figuren Beachtung sowie das im 13. Jh. geschaffene Grabmal des weltlichen Klostergründers, des Grafen Eberhard.

Buhl/Bühl

Schließlich sei noch ein Abstecher nach Osten in das kleine Dorf Buhl empfohlen. Die neoromanische Kirche enthält als besonderes Kleinod einen 7 m breiten, spätgotischen **Flügelaltar** mit überaus detaillierten, farbigen und lebendigen, zum Teil drastisch-karikaturhaften und volkstümlich-naiven Darstellungen der Passion Christi. Auf den Außenflügeln sind die Jagd auf das mystische Einhorn, eine motivreiche Allegorie der Verkündigung und Menschwerdung Christi sowie Szenen aus seiner Kindheit und die Himmelfahrt dargestellt, auf der Retabel-Rückseite das Jüngste Gericht.

53 Thann

Der Finger des hl. Theobald.

Die Thur entspringt in der Nähe des *Col de Bramont* (Schnepfenkopf), ihr oberes Tal ist landschaftlich reizvoll. Am Talausgang liegt Thann. Name und Bedeutung des Ortes leiten sich von einer **Reliquie** ab. Der Sage nach vermachte der umbrische Bischof Theobald (†1160) seinem Diener einen kostbaren Ring. Der Mann versuchte nach dem Ableben seines Herrn, den Ring vom Finger zu ziehen, dabei aber ging – Zufall, Wunder oder Absicht – der ganze Finger mit. Der Diener verbarg die kostbare Reliquie im Knauf seines Reisestabes und machte sich auf den Weg in seine lothringische Heimat. Er rastete unter drei Tannen und lehnte seinen Wanderstab an einen der Bäume. Am nächsten Morgen ließ sich der Wanderstab nicht mehr von der Stelle bewegen. So erzählt es die Legende, an die jedes Jahr am 30. Juni das fröhliche Volksfest der **Tannenverbrennung**, *Crémation des trois sapins*, erinnert. An dem Ort des Wunders entstand bald eine lebhafte **Wallfahrt**, die der kleinen Stadt Aufschwung und Wohlstand bescherte.

Almwiesen und Kühe sind typisch für die Vogesenlandschaft der drei Belchen

Im Stadtkern sind mit der *Tour des Sorcières* Reste der Befestigung erhalten, sowie das *Rathaus* von 1778 und andere historische Häuser. In der ehem. Kornhalle von 1520 in der *Rue St-Thiébaut* befindet sich das interessante Heimatmuseum **Musée des Amis de Thann** (Tel. 03 89 38 53 25 Juli/Aug. Di–So 14–18 Uhr, Juni und Sept. Fr/Sa/So 14–18 Uhr).

Exemplarisch lässt sich in dem hohen dreischiffigen Raum der ehem. Stiftskirche **St-Thiébaut** (Juni–Sept. tgl. 8–19, Okt.–Mai 8–18 Uhr) die **Entwicklung der Gotik** studieren: im südlichen Seitenschiff ernste Frühgotik (1232–1246), im Chor und Mittelschiff reife Hochgotik (1351–1423), im nördlichen Seitenschiff schließlich ›flamboyante‹ Spätgotik (1430–1492). Spätgotisch ist auch der 1516 entstandene filigrane Turm. Nachgotisch ist die Muttergotteskapelle (1629–31), neogotisch schließlich sind Strebepfeiler und große Teile der Ausstattung. Doch die wunderbaren *Netzgewölbe*, Schlusssteine und skulptierten Kapitelle, die ›Winzermadonna‹ und zwei Figuren des hl. Theobald aus dem 16. Jh. sowie Fenster und reich geschnitztes *Chorgestühl* mit originellen Misericor-

dien aus dem 15. Jh. sind alt und ›echt‹. Aus mittelalterlicher Zeit stammt auch das einzigartige, reich skulptierte **Figurenportal** der kathedralartigen Fassade. Das 1342–1420 geschaffene, übergreifende Bogenfeld des Portals ist mit zahllosen Einzelszenen von höchster Qualität dem Marienleben gewidmet. Die kleineren Tympana darunter wurden um 1500 eingebaut. Das bereits in flamboyanten Formen gestaltete Nordportal dürfte um 1450 anzusetzen sein.

Parc Régional des Ballons des Vosges

Weite Waldgebiete westlich von Thann gehören zu dem 1989 eingerichteten, beliebten Wander- und Naturschutzgebiet des *Parc Régional des Ballons des Vosges*. Im Umkreis des südwestlichsten der drei Vogesen-Belchen, des 1247 m hohen **Ballon d'Alsace**, einem Gipfel mit grandiosem Panoramablick, entspringt die Doller. Sie ist neben der Thur der südlichste der Vogesenflüsse. Vom **Grand Ventron** (1202 m) genießt man auch einen schönen Ausblick. In der Nähe des 731 m hoch gelegenen **Col de Bussang** entspringt, unspektakulär in Stein gefasst, die Mosel. Eine Attraktion ist der historische Dampfzug *Train de la Doller* (Cernay-Sentheim, Tel. 03 89 82 88 48, www.train-doller.org). In Sentheim lohnt ein Besuch der **Maison de la Géologie** (Tel. 03 69 77 12 41, Place de l'Eglise, So–Fr 14–18 Uhr) und des geologischen Lehrpfades.

Masevaux/Masmünster

Besonders reizvoll ist die kurvenreiche Fahrt von Thann aus südwestlich auf der kleinen D14 durch die Vogesen. Die Strecke führt über den 1870/71 heiß umkämpften, 748 m hoch gelegenen **Col de Hunsruck**. Bei Masevaux mündet die Nebenstraße in die D466. In dem hübschen Dorf um ein *ehem. Frauenkloster* hat sich aus dem 14. Jh. der Chor der **Abteikirche** erhalten. Auf der bedeutenden neuen **Orgel** wird regelmäßig konzertiert.

ℹ️ Praktische Hinweise

Information

Office de Tourisme, 7, rue de la Iᵉʳᵉ Armée, Thann, Tel. 03 89 37 96 20, www.ot-thann.fr

Office de Tourisme de Masevaux et de la Vallée de la Doller, 1, place Gayardon, Masevaux, Tel. 03 89 82 41 99, www.ot-masevaux-doller.fr

Hotel

La Cigogne, 35–37, rue du Général de Gaulle, Thann, Tel. 03 89 37 47 33, www.hotellacigogne.voila.net. Moderate Preise und erfreuliche Küche (Restaurant So abend und Mo geschl.).

54 Ensisheim

Einstiges Zentrum der Habsburger in der Rheinebene.

Die 6000-Einwohner-Stadt Ensisheim an der Ill war einst das **Verwaltungszentrum** der habsburgischen Besitzungen im Oberelsass, wurde aber 1444 durch die Armagnaken verwüstet. 1492 ging hier ein **Meteor** nieder. Man kann das kosmische Geschoss im **Musée de la Régence** (place de l'Église, Tel. 03 89 26 49 54, Mi–Mo 14–18 Uhr) besichtigen. Von den

Kultur macht hungrig – sehr volkstümlich führt das beliebte Ecomusée in Geschichte und Tradition des Elsass ein

Ein wunderschönes Rippengewölbe schmückt die offene Vorhalle des Ensisheimer Regentschaftshauses

ursprünglichen 130 kg des Meteoriten sind noch 54 kg übrig, da man immer wieder Stücke an illustre Gäste verschenkte. Bei dem Gebäude handelt es sich um das ehem. **Regentschaftshaus** (Palais de la Régence), dessen 1535–47 entstandene Fassade zu den frühesten der Renaissance im Elsass gehört.

1525 übernahm Ensisheim die Führung im blutig niedergeschlagenen Kampf der aufständischen Bauern gegen ihre Unterdrücker. 1648 kam der Ort an Frankreich, 1657–98 tagte hier das Oberste Gericht des Elsass, der **Conseil Souverain d'Alsace**.

1944–45 hatte die Stadt unter Artilleriebeschuss und Bombardement schwer zu leiden, doch einige schöne Häuser blieben erhalten, wie das **Hôtel de la Couronne** gegenüber dem Museum.

Ecomusée de Haute-Alsace

Südwestlich liegt das zu Ungersheim gehörende Oberelsässische Freilichtmuseum Ecomusée de Haute-Alsace (Chemin Grosswald, Tel. 03 89 74 44 74, www.ecomusee-alsace.fr, 4. April–Juni, Sept. Mi–So 10–19 Uhr, Juli/Aug. tgl 10–18 Uhr, Okt.–11. Nov. Mi–So 10–17 Uhr) mit über 60 historischen Gebäuden und Handwerksbetrieben. Die Anlage verbindet seriöse Dokumentation und unterhaltsames ›Infotainment‹.

ℹ️ Praktische Hinweise

Restaurant

La Couronne, Ensisheim, 47, rue de la Iᵉʳᵉ Armée Française, Tel. 03 89 81 03 72. Schönes Restaurant in einem Haus von 1610, vorzügliche Küche. Fremdenzimmer (Restaurant Mo mittag geschl.).

Das Sundgau – hügeliger Ausklang im Süden

Die Gegensätze im Süden des Elsass könnten nicht größer sein: In Thann endet die teilweise sehr romantische Weinstraße, zwischen Vogesen und Jura öffnet sich die **Burgundische Pforte**, jene **Trouée de Belfort**, durch die sich jahrtausendelang der friedliche oder auch kriegerische Austausch zwischen Nord und Süd, West und Ost, zwischen Germanien und der romanischen Welt vollzog. Wichtige Straßen bedienen sich auch heute noch dieser Passage und der **Canal du Rhône au Rhin** verbindet das Mittelmeer mit der Nordsee.

Nicht von ungefähr hat sich zwischen Thann, Mulhouse, Belfort und Montbéliard eine vielfältige, oft weniger ansehnliche **Industrie** angesiedelt. Aber das elsässische Land südöstlich davon, der ›Sund (Süd) gau‹, ist mit seinem vergleichsweise rauen Klima, seinen Hügeln und Wäldern, Wiesen, Maisfeldern, Obstgärten und zahllosen Teichen (Spezialität: Karpfen) von eigener, **stiller Schönheit**.

55 Mulhouse
Mülhausen

Elsässische Industrie-Metropole.

Mulhouse ist eine jugendliche, betriebsame Stadt, mit mehr als 110 000 Einwohnern die zweitgrößte im Elsass und das bedeutendste Industriezentrum der Region. Seit 1969 ist Mulhouse auch Universitätsstadt.

Geschichte   Die Stadt wird in der Karolingerzeit erstmals erwähnt. Im 11. Jh. übten hier sowohl der Bischof von Straßburg als auch die Staufer Besitzrechte aus. Unter den Letzteren schritt die städtische Selbstverwaltung zügig voran: 1217 gab es Schultheiß und Rat. Hierüber kam es zum Konflikt mit dem Bischof und 1236 wurde die Stadt geteilt. Mithilfe des Kaisers gelang es den Bürgern, die Herrschaft des Bischofs abzuschütteln. In der Folgezeit entsprach die Entwicklung der Stadt zunächst der vergleichbarer anderer Städte im Elsass: Stadtrecht, Adelsrat, 1333 Bündnis der Reichsstädte, 1354 Beitritt zur *Dekapolis* (Zehnstädtebund), Auflehnung der Bürger gegen den Adel.

Doch dann ging Mülhausen eigene Wege: Es verbündete sich mit den Eid-genossen gegen Adel und Burgunderherrschaft, schloss im Jahr 1506 einen zwanzigjährigen Schutzvertrag mit dem nahen Basel, trat schließlich 1515 aus der *Dekapolis* (Zehnstädtebund) aus und der **Eidgenossenschaft** bei.

1523 jedoch setzten die Wirren der Reformation ein, 1590 wurde die Stadt einheitlich protestantisch. Spannungen mit dem katholischen Teil der Eidgenossenschaft führten zur Auflösung der Konföderation. Erst 1777 trat Mülhausen wieder dem **Schweizer Bündnis** bei.

Dass Mulhouse heute dennoch nicht zur Schweiz gehört, hat letztlich wirtschaftliche Gründe. Die **Industrialisierung** des 18. und 19. Jh., die das Aussehen der Stadt beträchtlich veränderte, band sie zugleich eng an Frankreich, dem man sich 1798 anschloss.

Besichtigung   Evangelisch wie die Stadt ist auch die mächtige Kirche **Temple St-Etienne** ❶ (Mai–Sept. Mi–Mo 10–12 und 14–18 Uhr), ein neogotischer Bau von 1866 an der *Place de la Réunion*. Als Kostbarkeit enthält die Stephanskirche die vom Vorgängerbau übernommenen Glasfenster aus dem 14. Jh. Ein reiches Bildprogramm stellt alt- und neutestamentliche Themen ›typologisch‹ einander gegenüber.

Weltlicher Gegenpol der Kirche ist das schräg gegenüberliegende, 1552 erbaute **Hôtel de Ville** ❷, ebenfalls an der *Place de la Réunion*, ein selbstbewusstes, repräsentatives Gebäude mit damals neuartigen architektonischen Details wie Doppeltreppe und Loggia. Seine stark restaurierten **Fassadenmalereien** stammen von Christian Bockstorffer (1522) und veranschaulichen anhand allegorischer Figuren programmatisch das ideale Stadtregiment. Darunter befindet sich eine Kopie des ›Klappersteins‹. Diesen musste tragen, wer sich übler Nachrede schuldig gemacht hatte. Das Original wird im außerordentlich reichhaltigen **Musée Historique** (Tel. 03 89 33 78 17, Juli/Aug. Mi–Mo 10–12 und 14–18.30 Uhr, Dez. 13–19 Uhr, sonst 13–18.30 Uhr) aufbewahrt, das hier im ehem. Rathaus logiert.

In unmittelbarer Nähe befindet sich an der *Place Guillaume Tell* das **Musée des Beaux-Arts** ❸ (Tel. 03 89 33 78 11, Juli/Aug. Mi–Mo 10–12 und 14–18.30 Uhr, Dez. 13–19 Uhr, sonst 13–18.30 Uhr) mit beachtlichen Werken der Malerei vom Mittelalter bis zum 19. Jh.

Einkaufen oder Ausruhen beim Café au lait, in der Passage de l'Hôtel de Ville lässt sich Mülhausener Alltag genießen

Mulhouse, so wenig museal es wirkt, ist eine veritable Ausstellungs-Stadt: Eine ganze Reihe von durchweg hochinteressanten Museen beschäftigt sich mit Aspekten der für Mülhausen wichtigen In-

Mulhouse

Fußgängerzone
200 m

Mittelpunkt der geschäftigen Place de la Réunion ist der neogotische Temple St-Etienne

Im ehem. Rathaus mit seinen Fassadenmalereien ist das Historische Museum untergebracht

dustrie. Am südöstlichen Zentrumsrand zeigt in der Nähe von Bahnhof und Kanal das **Musée de l'Impression sur Étoffes** ④ (14, rue Jean-Jacques Henner, Tel. 03 89 46 83 00, www.musee-impression. com, Di–So 10–12 und 14–18 Uhr) alles über Stoffdruck.

Richtung Nordwesten liegen einige Sehenswürdigkeiten buchstäblich auf dem Weg, etwa in der *Grand'Rue* die ehem. Malteserkapelle **St-Jean** ⑤ mit Lapidarium (Sammlung von Steinwerken) und Wandmalereien (nur eingeschränkt zugänglich) oder westlich davon die Reste des ehem.*Bischofsschlosses,* markiert durch die beiden Vierecktürme **Tour du Diable** ⑥ und **Tour Nessel** ⑦, den Teufels- und den Nesselturm.

Außerhalb des Altstadtkerns befinden sich im westlichen Stadtteil Dornach gleich zwei wichtige Museen. In der *Rue Alfred de Glehn* präsentiert das sehr sehenswerte Eisenbahnmuseum **Cité du Train** ⑧ (Tel. 03 89 42 83 83, www.citedutrain.com, April–Okt. tgl. 10–18 Uhr, Nov.–März tgl. 10–17 Uhr) auf mehr als 17 000 m^2 seine Exponate. Gleich nebenan, in der *Rue du Pâturage,* liegt das **Musée EDF Electropolis** ⑨ (Tel. 03 89 32 48 50, Di–So 10–18 Uhr, www.electropolis.tm.fr), ein ebenso umfangreiches wie informatives Museum der Elektroenergie.

Nördlich des Zentrums ist in den Gebäuden einer ehem.Kammgarnspinnerei der Schlager unter den Mülhausener

TOP TIPP

Museen untergebracht, die **Cité de l'Automobile** ⑩ mit der *Collection Schlumpf* (192, avenue de Colmar, Tel. 03 89 33 23 23, www.collection-schlumpf.com, Febr./März, Okt.–Dez. tgl. 10–17 Uhr, April–Sept. tgl. 10–18 Uhr). Der Anblick der mehr als 400 historischen Sammlerstücke vom Luxus- bis zum Rennwagen dieses nach seiner Erweiterung größten Automobilmuseums der Welt (25 000 m² Fläche) ist ein Erlebnis, allein schon wegen der Bugatti Royale.

Wieder südwärts, führt die *Avenue de Colmar* direkt auf die *Porte Jeune* zu. Links davon liegt die 1966 gestaltete **Place de l'Europe** ⑪ mit der markanten, auf dreieckigem Grundriss mit konkav geschwungenen Fassaden errichteten *Tour de l'Europe*. Bedeutend älter ist weiter südlich die **Tour du Bollwerk** ⑫ aus dem 14. Jh., ein Rest der ehemaligen Stadtbefestigung.

Mulhouse verfügt im südlichen Viertel Rebberg hinter dem Bahnhof auch über einen überregional bedeutenden und schön angelegten **Parc Zoologique et Botanique** ⑬ (Tel. 03 69 77 65 65, Dez.–Febr. tgl. 10–16 Uhr, März, Okt./Nov. 9–17 Uhr, April, Sept. 9–18 Uhr, Mai–Aug. 9–19 Uhr).

Natürlich gibt es beim Bummeln durch Mulhouse noch viel mehr zu entdecken, Altes ebenso wie Neues, etwa prächtige **Privathäuser** aus dem 15. bis 19. Jh., den 1826–29 von Jean Geoffroy Stotz und Felix Friese angelegten **Square de la Bourse** oder auch originelle, illusionistische **Wandmalereien** aus der jüngsten Vergangenheit.

Rixheim

Ebenfalls zu den zahlreichen Museen von Mulhouse zählt das Tapetenmuseum **Musée du Papier Peint** ⑭ (28, Rue Zuber, Tel. 03 89 64 24 56, www.museepapier peint.org, Nov.–April Mi–Mo 10–12 und 14–18 Uhr, Mai–Okt. tgl. 10–12 und 14–18 Uhr) in dem 6 km östlich gelegenen Vorort Rixheim. Es ist neben und z.T. in einer noch heute bestehenden Tapetenfabrik eingerichtet. In den Sommermonaten finden auch Vorführungen zum Tapetendruck statt.

ℹ️ Praktische Hinweise

Information

Office de Tourisme, 9, avenue Foch, Mulhouse, Tel. 03 89 35 48 48, www.tourisme-mulhouse.com

Vielleicht nicht schön, doch markant – der städtebauliche Akzent der Tour de l'Europe

Hotel

Bâle, 19, passage Central, Mulhouse, Tel. 03 89 46 19 87. Preisgünstiges, angenehmes, zentral gelegenes Hotel ohne Restaurant.

Restaurants

Auberge de la Tonnelle, 61, rue Mar. Joffre, Riedisheim, Tel. 03 89 54 25 77. Exquisites Restaurant etwas östlich von Mulhouse, eines der besten in der Region (Mi abend, So abend geschl.).

So einen schnittigen Alfa Romeo konnte sich damals wie heute nicht jeder leisten

Aux Caves du Vieux Couvent, 23, rue du Couvent, Mulhouse Tel. 03 89 46 28 79. Taverne mit guter, preiswerter Küche (So abend, Mo und Mi abend geschl.).

56 Ottmarsheim

Das Oktogon der adeligen Frauen.

Das rund 2000 Einwohner zählende Ottmarsheim liegt autobahnnah im ›Dreiländereck‹ an der Grenze zu Deutschland und der Schweiz. Der günstigen Lage am Rhein bzw. am Rheinseitenkanal **Grand Canal d'Alsace** verdankt es die gewaltige, 1948–52 errichtete **Schleusenanlage** mit hydroelektrischem Kraftwerk.

Schon seit alter Zeit befand sich hier, in unmittelbarer Nähe eines Rheinübergangs, eine Zollstätte. Um 1045 gründete Rudolph von Altenburg ein Benediktinerinnenkloster. Wenig später in ein adliges **Damenstift** umgewandelt, bestand es bis zur Revolution.

Erhalten ist lediglich die 1049 von dem Elsässer Papst Leo IX. geweihte **Kirche** (tgl. 9–17.30 Uhr). Sie ist von besonderem Interesse, handelt es sich dabei doch um einen der seltenen Nachfolgebauten der *Pfalzkapelle Karls des Großen* in Aachen, die ihrerseits Baugedanken byzantinischer Kunst aufgreift und weiterführt. Ausgehend von Aachen hat sich der Typus der Doppelkapelle für Palastkirchen eingebürgert: Auf der Empore thront der Herrscher, unten nimmt das Volk am Gottesdienst teil. Beide Bereiche sind deutlich geschieden, wenngleich nicht gegeneinander abgeschlossen. Bemerkenswert bleibt der **achteckige Grundriss**, somit der geradezu demonstrative Hinweis auf Aachen, Kaiser und Reich. Immerhin war Ottmarsheim der Mittelpunkt des habsburgischen Hausgutes im Elsass. 1991 richtete ein Brand schwere Schäden an der Kirche an. Die umfassenden Restaurierungsarbeiten waren 1998 abgeschlossen und 1999 erhielt das Gotteshaus schließlich auch eine neue Orgel, da die alte beim Brand zerstört worden war.

ℹ Praktische Hinweise

Hotel

Als'Hôtel, Carrefour de la Vierge, Ottmarsheim, Tel. 03 89 26 06 07, www.alshotel. com. Modernes und zweckmäßig eingerichtetes Hotel mit gutem Restaurant.

57 Altkirch

Im Land der Grafen von Pfirt.

Einer der wichtigsten Orte im Sundgau ist Altkirch mit seinen 6000 Einwohnern. Markant auf einem Höhenrücken gelegen, verfügt das Städtchen über hübsch anzusehende zusammenhängende **Häuserzeilen** aus dem 16. und 17. Jh. Reizvoll sind insbesondere das Rathaus von 1780 und davor der Brunnen von 1857 mit gotischen Elementen.

Rechts neben dem Rathaus ist in einem Haus des 17. Jh. mit Treppenturm das reichhaltige **Musée Sundgauvien** (1 rue de l'Hôtel de Ville, Tel. 03 89 40 01 94, www. sundgau-sudalsace.fr, Juli/Aug. Di–So 14.30–17.30 Uhr, Sept.–Juni So 14.30–17.30 Uhr) mit prähistorischen und regionalgeschichtlichen Sammlungen untergebracht.

Die neoromanische **Kirche** am Ende der Hauptstraße wurde 1845 anstelle des im 17. Jh. abgerissenen Schlosses der Grafen von Pfirt erbaut. Im Inneren bewahrt sie vier Figuren eines Ölbergs des frühen 16. Jh., eine Pietà des 17. Jh. und interessante Gemälde des 19. Jh., vorwiegend Kopien nach älteren Arbeiten.

An Kaiser und Reich erinnert die achteckige ehem. Stiftskirche von Ottmarsheim

Illfurth

Nördlich von Altkirch markiert Illfurth eine alte *Furt* über die Ill. In der Nähe, auf dem Britzgyberg, sind Reste keltischer Befestigungsanlagen erhalten.

Die alte **Burnkirche**, die sog. Bauernkirche aus dem 15. Jh., befindet sich außerhalb des Ortes, inmitten des Friedhofs. In der Dorfmitte entstand 1970/71 größtenteils aus Holz ein architektonisch bemerkenswertes kath. **Pfarrzentrum** mit Kirche. Im Inneren ist eine Mondsichelmadonna des 15. Jh. zu bewundern.

ℹ Praktische Hinweise

Information

Office de Tourisme, 5, place Xavier Jourdain, Altkirch, Tel. 03 89 40 02 90, www.ot-altkirch.com

Hotel

Auberge Sundgovienne, Route de Belfort, Altkirch, Tel. 03 89 40 97 18, www.auberge-sundgovienne.fr. Recht komfortables, preisgünstiges Hotel mit Restaurant (So abend, Mo und Di mittag geschl.).

58 Ferrette

Landstädtchen im Schutz zweier Burgen.

Ferrette heißt auf deutsch Pfirt. Hier also befand sich, in Resten erhalten und markant auf dem Jurafelsen thronend, der Stammsitz der Grafen, denen rundum das Land gehörte, einer Nebenlinie der Herren von Mömpelgard (Montbéliard). Die Anlage, bestehend aus **Ober-** und **Unterschloss**, wird erstmals 1104 erwähnt, die Stadt, malerisch den beiden Burgen zu Füßen liegend, 1271. Nach dem Erlöschen des Geschlechts gelangte der Besitz über die Österreicher 1648 an Frankreich. In der neogotischen **Kirche** gibt es qualitätvolle Altäre und andere Einrichtungsstücke aus dem Vorgängerbau, von dem auch der Chor (um 1300) erhalten geblieben ist.

Das **Rathaus** am Ende der engen, steilen Rue du Château stammt von 1572.

Feldbach

Das ehem. **Benediktinerinnenpriorat** Feldbach 6 km westlich von Ferrette wurde 1144/45 von Friedrich I. von Pfirt als Familien-Grablege gestiftet. Die **Kirche**

Das neogotische Kirchlein von Ferrette besticht mehr durch seine inneren Werte

hatte ursprünglich drei Apsiden. Auffallend ist, dass es zwar eine ausgeschiedene Vierung, aber kein Querschiff gibt. Mehrere Restaurierungen führten zu dem heutigen, archaisch wirkenden Zustand.

Oltingue

Östlich von Ferrette liegt das kleine Dorf Oltingue. Es hat sich den Charme einer für das Sundgau typischen, bäuerlich geprägten Ansiedlung erhalten. So passt sich auch das Bauernmuseum **Musée Paysan** (10, rue Principale, Tel. 03 89 40 79 24, http://musee.paysan.free.fr, Mitte Juni–Sept. Di, Do, Sa 15–18, So 11–12 und 15–18 Uhr, Okt.–Dez. und März–Mitte Juni So 14–17 Uhr) hervorragend hier ein. Es stellt in einem charakteristischen Holzhaus neben der Kirche häusliches Leben vom Ende des 19., Anfang des 20. Jh. vor.

ℹ Praktische Hinweise

Information

Office de Tourisme, 3A, Route de Lucelle, Galerie Mazarin, Ferrette, Tel. 03 89 08 23 88, www.sundgau-sudalsace.fr

Restaurant

Auberge Paysanne, 24, rue Wolschwiller, Lutter (8 km südöstlich von Ferrette über D23), Tel. 03 89 40 71 67. Vorzügliche Küche in renoviertem Bauernhof des 17. Jh., nettes Ambiente, Fremdenzimmer (Restaurant Di mittag und Mo geschl.).

Elsass aktuell A bis Z

Vor Reiseantritt

ADAC Info-Service:
Tel. 01805/1011 12 (0,14 €/Min.).

Über diese Nummer oder bei den ADAC-Geschäftsstellen können ADAC-Mitglieder kostenlos umfangreiches Informations- und Kartenmaterial anfordern.

ADAC im Internet:
www.adac.de
www.adac.de/reisefuehrer

Frankreich im Internet:
www.franceguide.com
www.tourisme.fr

Elsass im Internet:
www.tourisme-alsace.com

Atout France (Französische Tourismusinformation)

Deutschland
Zeppelinallee 37, 60325 Frankfurt/M.,
Postfach 100128, 60001 Frankfurt/M.,
info.de@franceguide.com

Österreich
Lugeck 1–2/Stg. 1/Top 7, 1010 Wien,
Tel. 0900/250015 (gebührenpflichtig),
info.at@franceguide.com

Schweiz
Rennweg 42, 8021 Zürich,
Tel. 0442174600,
info.ch@franceguide.com

Allgemeine Informationen

Reisedokumente

Reisepass oder Personalausweis, unter 16 Jahren Kinderausweis bzw. Eintrag im Elternpass.

Kfz-Papiere

Führerschein, Zulassungsbescheinigung Teil 1 (ehem. Fahrzeugschein) und Internationale Grüne Versicherungskarte.

Krankenversicherung

Die Europäische Krankenversicherungskarte ist in die übliche Versicherungskarte integriert. Sie wird in ganz EU-Europa anerkannt und garantiert die medizinische Versorgung. Sicherheitshalber empfiehlt sich jedoch der Abschluss einer Reisekranken- und Rückholversicherung.

Hund und Katze

In der EU sind ein gültiger, vom Tierarzt ausgestellter EU Heimtierausweis sowie Kennzeichnung durch Mikrochip oder Tätowierung sowie eine gültige Tollwutimpfung notwendig (Erstimpfung mindestens 21 Tage vor Grenzübertritt).

Zollbestimmungen

Waren für den persönlichen Bedarf dürfen innerhalb der EU unbegrenzt mitgeführt werden. Als Richtmengen gelten: 800 Zigaretten, 400 Zigarillos, 200 Zigarren, 1 kg Tabak, 10 l Spirituosen, 20 l Zwischenerzeugnisse, 90 l Wein (davon max. 60 l Schaumwein), 110 l Bier.

Reisende von und durch Drittländer (Schweiz) dürfen abgabenfrei mitführen: 200 Zigaretten oder 100 Zigarillos oder 50 Zigarren oder 250 g Tabak, 1 l Spirituosen und 2 l Wein.

Geld

Die gängigen Kreditkarten werden in Banken, Hotels und zahlreichen Geschäften akzeptiert. An zahlreichen EC-/Maestro-Geldautomaten kann man rund um die Uhr Bargeld abheben.

Tourismusämter im Land

In den größeren Orten gibt es Tourismusbüros, *Offices de Tourisme*, in denen man Informationsmaterial erhält. Die Büros sind im Hauptteil bei den jeweiligen Orten unter *Praktische Hinweise* aufgeführt.

Comité Régional du Tourisme d'Alsace, 20 A, rue Berthe Molly, 68005 Colmar, Tel. 0389247350, www.tourisme-alsace.com

Agence de Développement Touristique du Bas-Rhin, 4, rue Bartisch, 67100 Strasbourg, Tel. 0388154588, www.tourisme67.com

Association Départementale du Tourisme du Haut-Rhin, 1, rue Schlumberger, 68006 Colmar, Tel. 03 89 20 10 68, www.haute-alsacetourisme.com

Notrufnummern

Notruf: Tel. 112 (EU-weit, auch mobil: Polizei, Unfallrettung, Feuerwehr)

Pannenhilfe auf Autobahnen über Notrufsäulen, oder:

AIT Assistance: Tel. 08 00 08 92 22 (Pannennotruf, 24 Std., auch deutsch, kostenpflichtig, wenn kein Auslandsschutzbrief vorhanden)

ADAC-Notrufstation Frankreich: Tel. 08 25 80 08 22, mobil: (0033–8) 25 80 08 22 (24 Std.)

ADAC-Notrufzentrale München: Tel. 00 49/(0)89/22 22 22, (24 Std.) mobil: 22 22 22 (ohne Vorwahl)

ADAC-Ambulanzdienst München: Tel. 00 49/(0)89/76 76 76 (24 Std.)

ÖAMTC Schutzbrief-Nothilfe: Tel. 00 43/(0)1/251 20 00, www.oeamtc.at

TCS Zentrale Hilfsstelle: Tel. 00 41/(0)2 24 17 22 20, www.tcs.ch

Diplomatische Vertretungen

Deutschland

Generalkonsulat, 6, quai Mullenheim, 67084 Strasbourg, Tel. 03 88 24 67 00, www.strassburg.diplo.de

Österreich

Generalkonsulat, 29, avenue de la Paix, 67000 Strasbourg, Tel. 03 88 35 13 94, www.bmeia.gv.at

Schweiz

Ständige Vertretung, 23, rue Herder, 67000 Strasbourg, Tel. 03 88 35 00 72, www.eda.admin.ch

Besondere Verkehrsbestimmungen

Tempolimits (in km/h): Für Pkw, Motorräder und Wohnmobile bis 3,5 t innerorts 50, außerhalb 80, auf Landstraßen 90 (bei Nässe 80), auf Autobahnen 130 (bei Nässe 110). Wer seinen Führerschein noch keine drei Jahre besitzt, darf höchstens 80, auf Autobahnen 110 fahren. Mopeds dürfen nur 45 fahren.

Promillegrenze: 0,5

Im Falle einer Panne oder eines Unfalls außerhalb geschlossener Ortschaften muss eine reflektierende *Warnweste* bereits vor dem Verlassen des Fahrzeugs angelegt werden. Aus Sicherheitsgründen und zur Vermeidung von Bußgeldern sollte sie stets griffbereit sein, am besten im Handschuhfach. Für *Radfahrer* besteht die Tragepflicht nachts sowie auch tagsüber bei schlechter Sicht außerhalb von Ortschaften.

Abblendlicht ist bei Regen- und Schneefällen sowie in Tunnels und Galerien vorgeschrieben. Im Kreisverkehr haben dank entsprechender Beschilderung meist die Vorfahrt, die sich im Kreis befinden. Vorfahrtstraßen enden an den Ortsschildern. Die Straßenbahn hat Vorfahrt.

Gelbe Streifen am Fahrbahnrand bedeuten *Parkverbot*. Das Parken und Halten unter Brücken sowie das Parken in Tunnels oder Unterführungen ist nicht erlaubt. *Verkehrsverstöße*, insbesondere Geschwindigkeitsüberschreitungen, werden im allgemeinen strenger geahndet als in Deutschland. Für Alkoholdelikte werden besonders hohe Geldbußen erhoben.

◼ Anreise

Auto

Die Anreise per Auto erfolgt von Norden bzw. Osten her über die A5 und ihre Zubringer. Fast parallel zur deutschen Autobahn verläuft auf französischer Seite die A35 von Lauterburg nach Straßburg und ab Ebersmünster weiter gen Süden bis Mulhouse und Basel. Die A4 und A36 erschließen von Straßburg bzw. Mulhouse aus das westliche Elsass.

Die französischen Autobahnen sind zumeist **mautpflichtig** (Péage), man kann die Gebühren bar oder mit Kreditkarte zahlen.

In den ADAC Geschäftsstellen erhalten Mitglieder eine Darstellung der mautpflichtigen Autobahnen mit aktuellen Preisangaben.

Bleifreies Benzin *(Essence sans Plomb)*, auch als Super, erhält man ebenso wie Diesel *(Gazole)* an allen Tankstellen.

Bahn

Die Hauptstrecken in das Elsass verlaufen im *Norden* über Karlsruhe nach Haguenau und im *Süden* über Basel nach Mulhouse. Von *Osten* sind die Hauptstrecken Karlsruhe–Straßburg, Offenburg–Straßburg, Freiburg–Colmar und Freiburg–Mulhouse. TGV bzw. ICE verkehren von Stuttgart bzw. Frankfurt nach Straßburg, einmal täglich auch von München. Zudem gibt es eine TGV Verbindung von Zürich über Basel nach Straßburg.

Fahrplanauskunft

Deutschland

Deutsche Bahn, Tel. 018 05/99 66 33 (persönliche Auskunft, gebührenpflichtig), Tel. 08 00/150 70 90 (sprachgesteuert, gebührenfrei), www.bahn.de

Deutsche Bahn AutoZug, Tel. 018 05/24 12 24 (0,14 €/Min.), www.dbautozug.de

Österreich

Österreichische Bundesbahn, Tel. 05 17 17, www.oebb.at

Schweiz

Schweizerische Bundesbahnen, Tel. 09 00 30 03 00, www.sbb.ch

Bus

Deutsche Touring, Am Römerhof 17, 60486 Frankfurt/M., Tel. 069/790 35 01, www.touring.de. Es gibt Busse nach Straßburg.

Flugzeug

Regionale und internationale Flüge bietet die Air France mit ihren Tochterunternehmen an. Aber auch andere europäische Airlines bedienen die Internationalen Flughäfen im Elsass. Dies sind:

EuroAirport Basel Mulhouse Freiburg, 25 km südlich von Mulhouse, Tel. 03 89 90 31 11, www.euroairport.com, von der Schweiz, Tel. 06 13 25 31 11

Straßbourg International Airport, Tel. 03 88 64 67 67, www.strasbourg.aeroport.fr

Air France, Deutschland, Tel. 018 05/83 08 30, (0,14 €/Min.) www.airfrance.de, Frankreich, Tel. 08 20 32 08 20, www.air france.fr, Österreich, Tel. 01/502 22 24 00, Schweiz, Tel. 08 48 74 71 00

Lufthansa, Deutschland, Tel. 018 05/83 84 26 (0,14 €/Min.), www.lufthansa.com

Austrian Airlines, Österreich, Tel. 05 17 66 10 00 (zum Ortstarif), www.austrian.com

Swiss, Schweiz, Tel. 08 48 70 07 00, www.swiss.com

Bank, Post, Telefon

Bank

Öffnungszeiten: Mo–Fr 9–12 und 14–16 Uhr, in Großstädten teilweise 9–16.30 Uhr.

Post

Öffnungszeiten: Mo–Fr 8–19, Sa 8–12 Uhr. In kleineren Orten mit einer Mittagspause von 12 bis 14 Uhr und manchmal früherer Schließzeit. Briefmarken gibt es auch in vielen Tabakläden.

Telefon

Internationale Vorwahlen
Frankreich   00 33
Deutschland   00 49
Österreich   00 43
Schweiz   00 41

Es folgt die Vorwahl bzw. Teilnehmernummer ohne die Null.

In Frankreich sind alle Telefonnummern zehnstellig und beginnen mit 0. Nur bei Gesprächen vom Ausland nach Frankreich lässt man diese 0 weg.

Für die meisten *öffentlichen Telefone* benötigt man eine Telefonkarte *(Télécarte)*, die man in allen Postämtern oder in den Tabakläden kaufen kann. Die Benutzung handelsüblicher Mobiltelefone ist in ganz Frankreich möglich. Man sollte sich jedoch vor Reiseantritt über das günstigste Netz vor Ort informieren und das eigene Mobiltelefon entsprechend programmieren.

Einkaufen

Öffnungszeiten: in der Regel Mo–Sa bzw. Di–Sa 9–19 Uhr. Manche Läden haben um die Mittagszeit 12–14 Uhr geschlossen. Lebensmittelgeschäfte und Bäckereien machen früher auf. Große Supermärkte *(Centres commerciaux, Hypermarchés)* sind häufig bis 21 Uhr geöffnet. Auch zahlreiche kleine Lebensmittelläden sind noch spät abends und sogar sonntags geöffnet.

Als **Mitbringsel** bieten sich an: Elsässische *Keramik* aus Soufflenheim mit Blumenmustern auf brauner, blauer oder grüner Glasur oder Töpferwaren aus Betschdorf, die etwas schlichter gehalten sind, mit blauer Bemalung und Salzglasur. Attraktiv sind auch Erzeugnisse aus *Glas* (westliche Nordvogesen), ferner Honig aus den Vogesen und *Spezialitäten* der elsässischen Küche wie Gänseleberpastete oder Kugelhopf. Nicht zu vergessen der elsässische *Wein* und die vorzüglichen *Obstbrände*.

■ Essen und Trinken

Man hält sich im Elsass wie im restlichen Frankreich meist an feste Essenszeiten. Nach einem einfachen Frühstück wird das Mittagessen ab 12, das Abendessen ab 19 Uhr serviert. Nach 15 oder 21 Uhr wird es schwierig sein, noch etwas Essbares aufzutreiben. Die Speisekarte ist grundsätzlich französisch abgefasst, doch wird man auf Nachfrage häufig auch Erläuterungen auf Deutsch bekommen können.

In Restaurants der gehobenen Preisklassel ist es nicht üblich, nur ein Hauptgericht zu essen. Als Vorspeise empfehlen

Essen wie Gott in Frankreich

Jede Elsass-Reise ist zugleich ein kulinarisches Fest. Dies gilt nicht nur für die ›Milchstraße‹ der Michelin-Sterne. Es gibt gerade auch in einfachen, bäuerlichen Lokalen eine häufig ganz hervorragende, landestypische, mit liebevollem Aufwand zelebrierte Küche.

Es ist allerdings zu berücksichtigen, dass die eigenartige und spezifische Mittelstellung des Elsass zwischen deutscher und französischer Kultur nicht nur unbestreitbar reizvolle Synthesen, sondern auch problematische Ergebnisse hervorgebracht hat. So waren die allerorten angepriesenen Spezialitäten **Choucroute Alsacienne** – in Riesling gekochtes Sauerkraut mit Mohrrüben, Zwiebeln, Schmalz, Speck, Würstchen und Schweinshaxe, dazu Salzkartoffeln – oder **Baeckaoffa**, ein Eintopf aus Schweine-, Hammel- und Rindfleisch mit Kartoffeln, Zwiebeln und Weißwein – deftige, sättigende Kalorienbomben, ursprünglich Festessen für hart arbeitende Bauern und Winzer. Vielerorts munden sie vorzüglich, manchmal sind sie auch schlicht langweilig. Vor allem aber empfiehlt es sich nicht, solche rustikalen Gerichte in ein elaboriertes Menü mit französischen Vor- und Nachspeisen einbinden zu wollen. Hier ist Stilgefühl gefragt, wie auch beim **Flammekueche**, einer Rahm-Zwiebel-Speck-Mischung mit Gewürzen auf dünnem Hefeteig. Es ist ein rustikaler Imbiss, den man nicht mit anderen Gerichten kombinieren sollte.

An speziellen elsässischen **Köstlichkeiten** seien hier nur die wichtigsten erwähnt: **Pâté de Foie Gras** (Gänseleberpastete, zubereitet mit Trüffeln, Kalbfleisch, Madeira und Gewürzen), **Escargots** (Weinbergschnecken mit Kräuterbutter), **Tarte aux Oignons** (Zwiebelkuchen), **Truite** (Forelle) au Bleu (blau) oder Meunière (Müllerin Art), au Riesling oder à la Crème (mit Sahnesauce), **Brochet** (Hecht), **Sandre** (Zander), **Saumon** (Lachs) und **Carpe** (Karpfen). Für Letzteren ist insbesondere das Sundgau berühmt.

Als Nachspeisen gibt es **Kugelhopf**, einen Napfkuchen aus Hefeteig mit Rosinen und Mandeln, **Tarte aux Pommes** oder **Tarte aux Myrtilles** (Apfelbzw. Heidelbeerkuchen) oder **Soufflé aux Kirsch**, einen Auflauf aus Eiern, Zucker und Kirschwasser.

sich *Paté, Cruditées* (Rohkost) oder *Charcuterie* (Wurstaufschnitt), als Nachtisch Süßigkeiten und/oder Käse. Der typische Käse des Elsass ist der **Munster** aus dem gleichnamigen Tal [s. S. 110 f.], ein sehr aromatischer Weichkäse aus Kuhmilch mit gelb-roter, weicher Rinde. Das Mahl lässt sich abrunden mit einem kleinen, dunkel gebrannten und daher bekömmlichen Kaffee und einem Digestif, etwa einem der heimischen Obstbrände. Dass das Ganze nicht ohne **Wein** denkbar ist, versteht sich. Allerdings hat auch das Elsässer Bier einen vorzüglichen Ruf.

Die Frage »Getrennt oder zusammen?« stellt sich beim **Bezahlen** nicht! Man zahlt den Gesamtbetrag, es ist unüblich, die Rechnung aufteilen zu lassen.

Hinweis: Viele Restaurants schließen außerhalb der Saison für mehrere Wochen. Man sollte sich daher vorher telefonisch versichern, ob das ausgewählte Lokal auch geöffnet hat.

◼ Feiertage

1. Januar (*Nouvel An*, Neujahr), Ostermontag (*Lundi de Pâques*), 1. (*Fête du Travail*, Tag der Arbeit) und 8. Mai (*Fête de la Libération*, Ende des Zweiten Weltkriegs, 1945), Christi Himmelfahrt (*Ascension*), Pfingstmontag (*Lundi de Pentecôte*), 14. Juli (*Fête National*, Nationalfeiertag), 15. August (*Assomption*, Mariä Himmelfahrt), 1. November (*Toussaint*, Allerheiligen), 11. November (*Armistice*, Waffenstillstand 1918), 25. Dezember (*Noël*, Weihnachten). Im Elsass und in Lothringen sind auch Karfreitag (*Vendredi Saint*) und der 26. Dezember (*St. Etienne*) Feiertage.

◼ Festivals und Events

Februar
Haguenau: *Lichtmessmarkt*. Vielerorts *Fastnachtsumzüge* mit uraltem alemannischem Brauchtum (z. B. Werfen von glühenden Holzscheiten).

Februar/März
Masevaux: Passionsspiele

März
Rosheim: *Mittfastenmarkt*
Straßburg: *Internationales Filmfestival*, www.strasbourgfilmfest.com

April
Mulhouse: Flohmarkt

Mai
Ungersheim: Schweinefest mit Ferkellauf
Wissembourg: Pferderennen
Molsheim und Guebwiller: Weinmarkt
Châtenois: St.-Georgs-Messe
Rouffach: Europäischer Markt der biologischen Käse, Brote und Weine
Neuf-Brisach: Maiglöckchenfest
Turckheim: Rundgang mit dem Nachtwächter (Mai–Okt.)
Straßburg: *Son et lumière* (Ton- und Lichtschau) bei der Kathedrale
Mulhouse: Bach-Festspiele
Colmar: Konzerte in der Martinskirche

Juni
Ribeauvillé: Kugelhopf-Fest
Saverne: Rosenfest
Ste-Marie-aux-Mines: Mineralienbörse
Straßburg: *Internationales Musikfestival* (www.festival-strasbourg.com), Johanniskirmes
Thann: Tannenverbrennung
Haguenau: Waldfest

Juli
Mutzig: Umzug der ›Sans Culottes‹
Dambach-la-Ville: Wein- und Heidelbeerfest
Andlau: Forellenfest
Kintzheim: Bergfest
Wissembourg: *Festival International de Musique Classique* (www.wissembourg-festival.com)

August
Benfeld: *Fête du Stubbehansel* (Fest vom Stubbehansel), Geschichte und Folklore, großer Markt (von Fr–Mo am 3. August-Wochenende)
Bischwiller: *Pfifferdaj* (Tag der Spielleute)
Marlenheim: Volksfest *Hochzeit des Ami Fritz* (Wochenende nach dem 15. Aug.)
Kaysersberg: Bergfest
Niederbronn: Pferdefest
Sélestat: Blumenkorso
Rosheim: Käsefest
Éguisheim: Storchenfest, Winzerfest
Lauterbourg: Fahrradrennen

Haguenau: *Fête du Houblon* (Hopfenfest, Ende Aug.)

Betschdorf: Töpferfest

Thann: Tage der Musik

Soultz: Konzerte in St-Maurice

Gueberschwihr: Freundschaftsfest (Tore und Weinkeller geöffnet am letzten Wochenende)

Holtzwihr: *Fête de la Choucroute*

September

Ribeauvillé: *Pfifferdaj* (Stadtpfeiferfest, riesiges buntes Mittelalterfest am 1. So)

Colmar: Sauerkrautfest

Soufflenheim: Internationaler Töpfermarkt

Turckheim: Auto-Gebirgsrennen

Molsheim: Internationales Bugatti-Treffen

Rosheim: *Nativitätsfest* (Mariae Geburt) mit Prozession

Mulhouse: *Jazzfestival* (www.jazz-mul house.fr)

Straßburg: *Europamesse* (www.foir europ.com)

Saint Hippolyte: Weinfest des neuen Weins am letzten Wochenende

Oktober

Munster: Pastetenfest

Biesheim: Internationaler Marathonlauf

Obernai: Antiquitätenmesse

November

Niederhaslach: Florianswallfahrt

Haguenau: Martinsumzug

Dezember

Vielerorts finden weihnachtliche Konzerte, Nikolausumzüge und Weihnachtsmärkte statt, besonders stimmungsvoll in **Colmar** und **Straßburg**.

Klima und Reisezeit

Die Oberrheinebene ist eines der klimatisch besonders begünstigten Gebiete in Mitteleuropa. Allerdings ist der Klimaunterschied beträchtlich zwischen der Ebene und ihren Vorbergen einerseits und den Vogesenhöhen andererseits. In der Ebene und an den östlichen Hängen sind **Frühling** und **Frühsommer** sehr angenehme Reisezeiten. Überaus reizvoll ist die Baumblüte an der Weinstraße, an der zu dieser Zeit kaum Touristen sind.

Der **Herbst** hat mit seinem goldenen Licht, der Laubfärbung und der Weinlese, seinen speziellen Reiz. Auf den Vogesenhöhen ist der Aufenthalt auch im **Hochsommer** angenehm.

Klimadaten Straßburg

Monat	Luft (°C) min./max.	Sonnen-std./Tag	Regen-tage
Januar	-2/ 3	2	15
Februar	-2/ 5	3	13
März	1/11	5	12
April	5/15	6	13
Mai	8/20	7	13
Juni	12/23	7	14
Juli	14/25	8	14
August	13/25	7	13
September	10/21	6	12
Oktober	6/15	4	12
November	2/ 8	2	13
Dezember	-1/ 4	2	14

Museen und Kirchen

In der Regel gilt, dass die *Kirchen* außer zu den Gottesdienstzeiten jeden Tag durchgängig zu besichtigen sind.

Museen haben häufig Mo oder Di und an Feiertagen geschlossen. Während der Hauptsaison sind viele Attraktionen und Sammlungen länger geöffnet. Detaillierte Angaben finden sich im Haupttext.

Nachtleben

Das Elsass ist nicht gerade bekannt als eine Region mit aufsehenerregendem Nachtleben. Natürlich bieten die großen Städte ein umfangreicheres Vergnügungsprogramm, allen voran Straßburg, www.strascity.com.

Sport

Das Elsass bietet reichlich Gelegenheit zu Sport und Freizeitspaß. Ausführliche Informationen zu nicht ganz alltäglichen Sportarten wie Ballonfahren, Klettern, Drachen- und Gleitschirmfliegen erteilen die *Offices de Tourisme* [s. S.129f., sowie Praktische Hinweise].

Fahrradfahren

Viele der ausgewiesenen Wanderwege sind auch gut für Radfahrer geeignet.

Immer häufiger kann man sich in Hotels vor Ort einen Drahtesel mieten. Vielerorts werden diverse *Radtouren* mit und ohne begleitenden Gepäckwagen angeboten, etwa Mountainbike-Ausflüge durch den Naturpark *Ballons des Vosges*. Infos:

Cimes & Sentiers Randonnée, Accompagnateurs en Montagne, Col de la Schlucht, Tel. 06 74 32 12 59, www.sentiersrando.com

Locacycles, 2a, rue des Roses, Griesheim-près-Molsheim, Tel. 03 88 38 71 31. Verleih von Rädern aller Typen.

Golf

Es gibt im Elsass eine Reihe hervorragender und schön gelegener **Golfplätze**, z.B. nahe Straßburg in Illkirch-Graffenstaden (Tel. 03 88 66 17 22), in Wantzenau (Tel. 03 88 96 37 73), der Golfclub d'Alsace (Tel. 03 89 78 52 12) in Rouffach, Plätze bei Ammerschwihr (Tel. 03 89 47 17 30), Mulhouse (Chalampé, Tel. 03 89 83 28 32) und bei Wittelsheim (Tel. 03 89 55 55 07). Infos:

Fédération Française de Golf, 68, rue Anatole France, Levallois-Perret, Tel. 01 41 49 77 00, www.ffgolf.org

Reiten

Das Elsass verfügt über ein attraktives Netz von Reitwanderwegen, welche durch die Berge, Wälder und Weinanbaugebiete führen. Die *Fédération Française d'Equitation* bietet zahlreiche Unterkünfte an den Strecken, darunter Reitclubs, Bauernhöfe und Reiterhöfe. Infos:

Comité Régional au Tourisme Equestre d'Alsace, 6, Route d'Ingersheim, Colmar, Tel. 03 89 24 43 18, www.chevalsace.com

Wandern

Es gibt im Elsass über 10 000 km in aller Regel gut markierte Pfade und hervorragende *Wanderrouten*. Der *Vogesenhauptwanderweg* ist etwa 400 km lang und führt – als Teilstrecke des Internationalen Europäischen Fernwanderwegs Nr. 2 von den Niederlanden zum Mittelmeer – von Wissembourg quer durch die waldigen Berge bis nach Thann und Masevaux. Dieser und andere Wanderwege ziehen sich größtenteils durch die beiden regionalen Naturparks *Parc Régional des Vosges du Nord* und *Parc Régional des Ballons des Vosges,* die mit zahlreichen landschaftlichen, aber auch botanischen und zoologischen Besonderheiten aufwarten. *Wanderkarten* bietet:

Club Vosgien, 16, rue Ste-Hélène, Strasbourg, Tel. 03 88 32 57 96, www.club-vosgien.com

Wintersport

Die höheren Lagen der Vogesen, z.B. um den **Gazon du Faing**, bieten ausgezeichnete, gut erschlossene Wintersportmöglichkeiten.

◼ Statistik

Lage: Als Elsass (frz. *Alsace*) wird die Landschaft zwischen dem Oberrhein – auf der Strecke zwischen Basel und Karlsruhe, wo er zugleich Staatsgrenze ist – und dem Vogesenhauptkamm bezeichnet. Im Norden wird das Elsass durch die Lauter, im Süden durch die Burgundische Pforte begrenzt.

Verwaltung: Politisch bildet das Elsass eine der neu geschaffenen 22 französischen Regionen, nämlich die Région Alsace mit der Hauptstadt Strasbourg. Es genießt als bisher einzige den Sonderstatus kultureller Autonomie.

Unterteilt ist das Elsass in die *Départements Haut-Rhin* (südlich, Verwaltungszentrum ist Colmar) und *Bas-Rhin* (nördlich, Verwaltungszentrum ist Strasbourg). Die Grenze verläuft südlich von Sélestat. Das Gebiet umfasst 8310 km^2 (Département Haut-Rhin 3523 km^2, Bas-Rhin 4787 km^2).

Bevölkerung: Im Elsass leben rund 1,8 Mio. Menschen, 709 000 davon im *Département Haut-Rhin*. Das kleinere *Département Bas-Rhin* ist dichter besiedelt, vor allem wegen des Ballungszentrums Strasbourg beträgt hier die Bevölkerungszahl gut 1 Mio. Bewohner. Im Gegensatz zum ansonsten vorwiegend katholischen Frankreich ist der Anteil der Protestanten, historisch bedingt, im Elsass vergleichsweise hoch. Auch gibt es heute eine beachtliche jüdische Religionsgruppe.

Wirtschaft: Nach dem Bruttoinlandsprodukt (BIP) steht das Elsass wirtschaftlich an zweiter Stelle in Frankreich. Ein bedeutender Wirtschaftsfaktor der Region ist heute der Tourismus. In der fruchtbaren Rheinebene dominiert zugleich die Landwirtschaft (Weizen, Kartoffeln, Mais, Sonnenblumen, auch Tabak, Hopfen und Zuckerrüben, Weißkohl und Spargel). Am Fuße der Vogesen-Ostflanke zwischen Straßburg und Mulhouse wird Wein angebaut. Die Rebfläche von 14 500 ha ergibt jährlich etwa 1,2 Mio. hl Wein, davon 95 % Weißwein. Bei Straßburg konzentrieren sich zudem die wichtigsten Brauereien Frankreichs. In den Nordvogesen hat sich eine ertragreiche Forstwirtschaft und Holzindustrie entwickelt, auf den Hochflächen des Südens (*Chaumes*) hingegen dominiert Milch- und Weidewirtschaft. Industrie, vor allem Automobilbau, gibt es hauptsächlich im mittleren Elsass. Hinzu kommen Chemie- und Erdölbetriebe und Biotechnologie. Die Energiegewinnung aus Wasser- und Kernkraft (Rheinseitenkanal, Kernkraftwerk Fessenheim) spielt ebenso eine wichtige Rolle.

■ Unterkunft

Camping

Über das vielfältige Angebot an Campingplätzen im Elsass informiert ein bei den Fremdenverkehrsämtern erhältliches Verzeichnis. Auskünfte über geprüfte Plätze geben die jährlich aktualisierten und im Buchhandel oder Internet erhältlichen *ADAC Camping Caravaning Führer*, *ADAC Stellplatz Führer* und *ADAC Bungalow Mobilheim Führer*.

Hotels und Pensionen

Im Haupttext sind bei den jeweiligen Orten unter *Praktische Hinweise* empfehlenswerte Hotels vermerkt, meist in gehobener Preisklasse. Es empfiehlt sich, zusätzlich über die Tourismusbüros die alljährlich aktualisierten Prospekte der Hotels zu besorgen. Auf gut Glück eine Unterkunft zu finden, ist in der Regel möglich, kann aber in der Saison schwierig werden. Natürlich kann man auch im Elsass preisgünstig unterkommen. Günstige und oft sehr originelle Übernachtungsmöglichkeiten bietet z.B. *Gîtes de France* (www.gites-de-france.com):

Gîtes de France Haut-Rhin, Maison du Tourisme, 1, rue Schlumberger, Colmar, Tel. 03 89 30 35 30/31

Gîtes de France Bas-Rhin, 4, rue Bartisch, Straßburg, Tel 03 88 75 56 50

In Straßburg, Mulhouse und Colmar gibt es auch die günstigen **Formule-1-Hotels** (www.hotelformule1.com). Man bucht immer nur für eine Nacht, der Zimmerpreis gilt für bis zu vier Personen.

Jugendherbergen

Fédération Unie des Auberges de Jeunesse, 27, rue Pajol, 75018 Paris, Tel. 01 44 89 87 27, www.fuaj.org

Deutsches Jugendherbergswerk, Bismarckstr. 8, 32756 Detmold, Tel. 0 52 31/740 10, www.jugendherberge.de

Auskunft über die ebenfalls sehr preisgünstigen **Gîtes d'Etapes** gibt *Gîtes de France* (www.gites-de-france.com).

■ Verkehrsmittel im Land

Bahn und Bus

Von den Bahnhöfen der größeren Städte zweigen zahlreiche Regionalverbindungen ab, die durch die malerischen Vogesentäler führen. An größeren Bahnhöfen stehen Mietwagen bereit (Train + Auto).

SNCF, Deutschland und Österreich, Tel. 0 18 05/21 82 38, www.sncf.com

TER, Tel. 08 91 67 00 27, www.ter-sncf.com, Regionalbahn und Bus.

Der öffentliche Nahverkehr im Elsass ist ebenfalls gut ausgebaut. Es gibt Busverbindungen beinahe überallhin, Informationen geben die Tourismusbüros.

Hausboot

Der Urlaub an Bord eines *Hausbootes* auf dem dicht geknüpften französischen Kanalnetz erfreut sich großer Beliebtheit. Schließlich ist es eine sehr entspannende, bequeme und bei mehreren zahlenden Personen auch nicht zu teure Urlaubsvariante. Zudem benötigt man keine besonderen Vorkenntnisse. Im Elsass bieten sich Rhein-Marne-Kanal und Rhein-Rhône-Kanal für landschaftlich reizvolle Unternehmungen an. Verleihstationen gibt es in Saverne. Anschriften vermittelt z.B. die Französische Tourismusinformation *Atout France* [s. S. 129].

Fahrrad

In fast allen Zügen können Fahrräder mitgenommen werden. Vielerorts, auch an manchen Bahnhöfen (Train + Velo), gibt es die Möglichkeit, Fahrräder auszuleihen, ein in der Ebene oder im Bereich der Weinstraße sehr geeignetes Mittel, die Gegend zu erkunden. Auskunft geben die Tourismusbüros.

Mietwagen

Mietwagen reserviert man vor der Reise meist günstiger. ADAC-Mitglieder können über die Geschäftsstellen oder die ADAC-Autovermietung, Tel. 0 18 05/31 81 81 (0,14 €/Min) buchen.

Sprachführer
Französisch für die Reise

■ Das Wichtigste in Kürze

Ja/Nein	*Oui/Non*
Bitte/Danke	*S'il vous plaît/Merci*
In Ordnung./	*Très bien./*
Einverstanden.	*D'accord.*
Entschuldigung!	*Pardon!/Excuse(z)-moi!*
Wie bitte?	*Comment?/Vous dites?*
Ich verstehe Sie nicht.	*Je ne vous comprends pas.*
Ich spreche nur wenig Französisch.	*Je ne parle que peu le français.*
Können Sie mir bitte helfen?	*Pourriez-vous m'aider, s'il vous plaît?*
Das gefällt mir (nicht).	*Cela (ne) me plaît (pas).*
Ich möchte ...	*Je voudrais ...*
Haben Sie ...?	*Avez-vous ...?*
Gibt es ...?	*Y a-t-il ...?*
Wie viel kostet das?	*Cela coûte combien?*
Kann ich mit Kreditkarte bezahlen?	*Puis-je régler avec une carte de crédit?*
Wie viel Uhr ist es?	*Quelle heure est-il?*
Guten Morgen!/ Guten Tag!	*Bonjour!*
Guten Abend!	*Bonsoir!*
Gute Nacht!	*Bonne nuit!*
Hallo!/Tschüs!	*Salut!*
Mein Name ist ...	*Je m'appelle ...*
Wie ist Ihr Name, bitte?	*Quel est votre nom, s'il vous plaît?*

Wie geht es Ihnen?	*Comment allez-vous?*
Auf Wiedersehen!	*Au revoir!*
Bis bald!	*À bientôt!*
Bis morgen!	*À demain!*
gestern/heute/ morgen	*hier/aujourd'hui/ demain*
am Vormittag/ am Nachmittag	*le matin/ l'après-midi*
am Abend/ in der Nacht	*le soir/ la nuit*
um 1 Uhr/ 2 Uhr ...	*à une heure/ à deux heures ...*
um Viertel vor/ nach ...	*à ... moins le quart/ et quart*
um ... Uhr 30	*à ... heure(s) trente*
Minute(n)/Stunde(n)	*minute(s)/heure(s)*
Tag(e)/Woche(n)	*jour(s)/semaine(s)*
Monat(e)/Jahr(e)	*mois/an(s)/année(s)*

■ Wochentage

Montag	*lundi*
Dienstag	*mardi*
Mittwoch	*mercredi*
Donnerstag	*jeudi*
Freitag	*vendredi*
Samstag	*samedi*
Sonntag	*dimanche*

■ Monate

Januar	*janvier*
Februar	*février*
März	*mars*
April	*avril*
Mai	*mai*
Juni	*juin*
Juli	*juillet*
August	*août*
September	*septembre*
Oktober	*octobre*
November	*novembre*
Dezember	*décembre*

■ Zahlen

0	*zéro*	19	*dix-neuf*
1	*un*	20	*vingt*
2	*deux*	21	*vingt-et-un*
3	*trois*	22	*vingt-deux*
4	*quatre*	30	*trente*
5	*cinq*	40	*quarante*
6	*six*	50	*cinquante*
7	*sept*	60	*soixante*
8	*huit*	70	*soixante-dix*
9	*neuf*	80	*quatre-vingt*
10	*dix*	90	*quatre-vingt-dix*
11	*onze*	100	*cent*
12	*douze*	200	*deux cents*
13	*treize*	1000	*mille*
14	*quatorze*	2000	*deux mille*
15	*quinze*	10 000	*dix mille*
16	*seize*	100 000	*un million*
17	*dix-sept*	½	*un demi*
18	*dix-huit*	¼	*un quart*

■ Maße

Kilometer	*kilomètre*
Meter	*mètre*
Zentimeter	*centimètre*
Kilogramm	*kilogramme*
Pfund	*livre*
Gramm	*gramme*
Liter	*litre*

Unterwegs

Nord/Süd/West/Ost	nord/sud/ouest/est
oben/unten	en haut/dessous
geöffnet/geschlossen	ouvert/fermé
geradeaus/links/ rechts/zurück	tout droit/gauche/ droite/ en arrière
nah/weit	proche/loin
Wie weit ist das?	A quelle distance d'ici se trouve-t-il?
Wo sind die Toiletten?	Où sont les toilettes?
Wo ist die (der) nächste ...	Où se trouve ...
Telefonzelle/	la cabine télé- phonique/
Bank/	la banque/
Post/	le bureau de poste/
Polizei/	le poste de police/
Geldautomat?	le distributeur de billets la/le plus proche?
Wo ist ...	Où se trouve ...
der Bahnhof/	la gare/
die U-Bahn/	le métro/
der Flughafen?	l'aéroport?
Wo finde ich ...	Où se trouve ...
eine Bäckerei/	une boulangerie/
ein Fotogeschäft/	un magasin photographiques/
ein Kaufhaus/	un grand magasin/
ein Lebensmittel- geschäft/	une épicerie/
einen Markt?	un marché?

Ist das der Weg/ die Straße nach ...?	Est-ce que c'est le chemin/ la route/ la rue pour ...?
Gibt es einen anderen Weg?	Y a-t-il un autre chemin?
Ich möchte mit dem Zug/Schiff/ Fähre/Flugzeug nach ... fahren.	Je voudrais prendre le train/le bateau/ le ferry-boat/l'avion pour ...
Ist der Preis für Hin- und Rückfahrt?	Est-ce que c'est le prix aller-retour?
Wie lange gilt das Ticket?	Pour combien de temps le ticket sera valide?
Wo ist das Fremden- verkehrsamt/ Reisebüro?	Où se trouve l'office de Tourisme/ l'agence de voyages?
Ich benötige eine Hotelunterkunft.	J'ai besoin d'un hôtel.
Wo kann ich mein Gepäck lassen?	Où puis-je laisser mes bagages?
Ich habe meinen Koffer verloren.	J'ai perdu ma valise.
Ich möchte eine Anzeige erstatten.	Je voudrais déposer une plainte.
Man hat mir ...	On m'a volé ...
Geld/	de l'argent/
meine Tasche /	mon sac/
meine Papiere/	mes papiers/
die Schlüssel/	les clés/
meinen Fotoapparat/	mon appareil photo/
meinen Koffer/	ma valise/
mein Fahrrad gestohlen.	ma bicyclette.

Freizeit

Ich möchte ein ...	Je voudrais louer ...
Fahrrad/	une bicyclette/
Motorrad/	une moto/
Surfbrett/	une planche à voile/
Mountainbike/ Boot/	un v.t.t./un bateau/
Pferd mieten.	un cheval.
Gibt es ein(en)	Y a-t-il ...
Freizeitpark/	un parc d'attractions/
Freibad/	une piscine/
Golfplatz/	un terrain de golf/
Strand in der Nähe?	une plage près d'ici?
Wann hat ... geöffnet?	Quelles sont les horaires d'ouverture ...?

Bank, Post, Telefon

Brauchen Sie meinen Ausweis?	Avez-vous besoin de ma carte d'identité?
Wo soll ich unterschreiben?	Où dois-je signer?

Ich möchte eine Telefonverbindung nach ...	Je voudrais une communication avec ...
Wie lautet die Vorwahl für ...?	Quel est le préfixe pour ...?
Wo gibt es ... Münzen für den Fernsprecher/ Telefonkarten/ Briefmarken?	Où peut-on trouver ... des jetons/ des cartes téléphoniques/ des timbres?

Tankstelle

Wo ist die nächste Tankstelle?	Où est-ce que se trouve la station d'essence la plus proche?
Ich möchte ... Liter ... Super/ Diesel bleifrei/ mit ... Oktan.	Je voudrais ... litres ... de super/ de gasoil sans plomb/ à ... octane.
Volltanken, bitte.	Faites le plein, s'il vous plaît.
Prüfen Sie bitte ...	Vérifiez s'il vous plaît, ...
den Reifendruck/	la pression de gonflage/
den Ölstand/	le niveau d'huile/
den Wasserstand/	le niveau d'eau/
das Wasser für die Scheibenwischanlage/	l'eau pour le système essuieglaces/
die Batterie.	la batterie.
Würden Sie bitte ...	Pourriez-vous s'il vous plaît ...
den Ölwechsel vornehmen/	faire la vidange d'huile/
den Radwechsel vornehmen/	effectuer le changement de roue(s)/
die Sicherung austauschen/	échanger le fusible/
die Zündkerzen erneuern/	échanger les bougies/
die Zündung nachstellen?	régler l'allumage?

Panne

Ich habe eine Panne.	Je suis en panne.
Der Motor startet nicht.	Le moteur ne démarre pas.
Ich habe die Schlüssel im Wagen gelassen.	J'ai laissé les clés dans la voiture.
Ich habe kein Benzin/Diesel.	Je n'ai plus d'essence/de diesel.
Gibt es hier in der Nähe eine Werkstatt?	Est-ce qu'il y a un garage près d'ici?
Können Sie mein Auto abschleppen?	Pourriez-vous remorquer ma voiture?

Können Sie mir einen Abschleppwagen schicken?	Est-ce que vous pouvez m'envoyer une dépanneuse?
Können Sie den Wagen reparieren?	Pouvez-vous réparer la voiture?
Wann wird er fertig sein?	Quand sera-t-elle prête?

Mietwagen

Ich möchte ein Auto mieten.	Je voudrais louer une voiture.
Was kostet die Miete ... pro Tag/ pro Woche/ mit unbegrenzter km-Zahl/ mit Kaskoversicherung/ mit Kaution?	Combien coûte la location ... par jour/ par semaine/ avec kilométrage illimité/ avec assurance tous risques/ avec la caution?
Wo kann ich den Wagen zurückgeben?	Où puis-je rendre le véhicule?

Unfall

Hilfe!	Au secours!
Achtung!/Vorsicht!	Attention!
Bitte rufen Sie schnell ... einen Krankenwagen/ die Polizei/ die Feuerwehr.	S'il vous plaît, appelez vite ... une ambulance/ la police/ les sapeurspompiers.
Es ist (nicht) meine Schuld.	C'est (Ce n'est pas) de ma faute.
Geben Sie mir bitte Ihren Namen und Ihre Adresse.	Veuillez me donner votre nom et adresse, s'il vous plaît.
Ich brauche die Angaben zu Ihrer Autoversicherung.	J'aurais besoin des données de votre assurance automobile.

Krankheit

Können Sie mir einen guten Deutsch sprechenden Arzt/ Zahnarzt empfehlen?	Pourriez-vous me conseiller un bon médecin/ dentiste qui parle allemand?
Wann hat er Sprechstunde?	Quelles sont ses heures de consultation?
Wo ist die nächste Apotheke?	Où est-ce que se trouve la pharmacie la plus proche?
Ich brauche ein Mittel gegen ... Durchfall/	J'aurais besoin d'un médicament contre ... la diarrhée/

Fieber/	la fièvre/
Insektenstiche/	les piqûres d'insecte/
Verstopfung/	la constipation/
Zahnschmerzen.	le mal de dents.

Hotel

Ich habe bei Ihnen ein	J'ai réservé une
Zimmer reserviert.	chambre chez vous.
Haben Sie ein ...	Auriez-vous ...
Einzel-/	une chambre
	à un lit/une
Doppelzimmer ...	chambre à deux lits...
mit Dusche/	avec douche/
mit Bad/WC?	avec salle de
	bains/WC?
für eine Nacht/	pour une nuit/
für eine Woche?	pour une semaine/
mit Blick aufs Meer?	avec vue sur la mer?
Was kostet das	Combien coûte la
Zimmer ...	chambre ...
mit Frühstück/	avec petit-déjeuner/
mit Halbpension/	avec demi-pension/
mit Vollpension?	avec pension
	complète?
Wie lange gibt es	Jusqu'à quelle heure
Frühstück?	peut-on prendre
	le petit-déjeuner?
Ich möchte um ...	Je voudrais qu'on
Uhr geweckt werden.	me réveille à ...
	heure(s).
Ich reise heute Abend/	Je pars ce soir/
morgen früh ab.	demain matin.
Haben Sie ein Faxgerät/	Avez-vous un fax/
Hotelsafe?	un coffre-fort?
Haben Sie Internet-	Disposez-vous d'un
zugang?	accès internet?

Restaurant

Wo gibt es ein	Pourriez-vous m'indi-
gutes/günstiges	quer un bon restau-
Restaurant?	rant/un restaurant
	pas trop cher?
Die Speisekarte/	Je voudrais la carte/
Getränkekarte,	la carte des boissons,
bitte.	s'il vous plaît.
Ich möchte das Tages-	Je voudrais le plat du
gericht/Menü (zu...)	jour/le menu (à ...).
Welches Gericht	Quel plat pourriez-
können Sie beson-	vous recommander
ders empfehlen?	particulièrement?
Ich möchte nur eine	Je voudrais manger
Kleinigkeit essen.	qu'un petit
	quelque chose.
Haben Sie vege-	Avez-vous des
tarische Gerichte?	plats végétariens?
Können Sie mir bitte ...	Pourriez-vous

ein Messer/	un couteau/
eine Gabel/	une fourchette/
einen Löffel	une cuillère,
bringen?	s'il vous plaît?
Die Rechnung bitte!	L'addition, s'il vous
	plaît!

Essen und Trinken

Apfel	pomme
Artischocke	artichaut
Austern	huîtres
Bier	bière
Brot	pain
Brötchen	petit pain
Butter	beurre
Ei	oeuf
Eiscreme	glace
Erdbeeren	fraises
Essig	vinaigre
Fisch	poisson
Flasche	bouteille
Fleisch	viande
Fruchtsaft	jus de fruits
Gemüse	légumes
Glas	verre
Hammelfleisch	mouton
Hummer	homard
Joghurt	yaourt
Kaffee mit Milch	café au lait
Kaffee, schwarzer	café noir
Kalbfleisch	veau
Kartoffeln	pommes de terre
Käse	fromage
Krabben, Garnelen	crevettes
Kuchen	gâteau
Lammfleisch	agneau
Leber	foie
Leberpastete	pâté de foie
Meeresfrüchte	fruits de mer
Milch	lait
Mineralwasser	l'eau minérale
(mit/ ohne	(gazeuse/
Kohlensäure)	non gazeuse)
Obst	fruits
Öl	huile
Pfeffer	poivre
Reis	riz
Rindfleisch	bœuf
Salz	sel
Schinken	jambon
Schweinefleisch	porc
Spinat	épinards
Suppe	soupe
Tomaten	tomates
Wein	vin
(Weiß/Rot/Rosé)	(blanc/rouge/rosé)
Zwiebeln	oignons

Register

Impressum

Redaktionsleitung: Dr. Dagmar Walden
Lektorat: Elisabeth Schnurrer
Aktualisierung: Elke Satzger
Karten: Wolfgang Mohrbach, München
Layout: Martina Baur
Herstellung: Ralph Melzer
Druck, Bindung: Rasch Druckerei und Verlag,
Bramsche
Printed in Germany

Ansprechpartner für den Anzeigenverkauf:
Kommunalverlag GmbH & Co KG,
MediaCenterMünchen, Tel. 089/92 80 96 44

ISBN 978-3-89905-662-4

Neu bearbeitete Auflage 2011
© ADAC Verlag GmbH, München

Bildnachweis

Umschlag-Vorderseite: Petite Venise, Colmar.
Foto: LOOK, München (S. Lubenow)

Titelseite
Oben: Schmucke Fachwerkhäuser und malerische Gassen in Riquewihr (von S. 99)
Mitte: Edle Trauben und hervorragende Weine
entlang der Route des Vins (von S. 98)
Unten: Eine von vielen mittelalterlichen Burgen
in den Vogesen, die Ulrichsburg (von S. 97)

Ralf Freyer, Freiburg: 8 oben, 35, 41, 59, 64 oben,
112 (2), 125 unten, 128 links und rechts – Hart-
muth Friedrichsmeier, Hamburg: 9 oben rechts,
11 oben, 21, 23, 25 unten, 28, 29, 39, 43, 45, 73 oben,
74, 77, 85 unten, 98, 99(2), 110, 121 unten, 128 Mitte
rechts (Jacques Guillard), 24, 25 oben (François
Nussbaumer), 38 (Jean Luc Barde), 83 oben (Mi-
chel Guillard), 88 (Philippe Beuzen), 109, 111 oben
links, 128 oben links (Francis Jalain), 111 unten
(Galeron) – Huber, Garmisch-Partenkirchen: 6/7
(N.N.), 5 rechts (Sharpe), 57 (H. Rade), 70 (Giovan-
ni) – laif, Köln: 5 links, 7 oben, 9 oben links, 9 unten, 10 oben (N.N.), 10 unten (Kirchner), 11 unten,
18, 22, 31 (2), 32, 36, 42, 49, 50, 52, 60 (2), 61, 62, 67
oben, 69, 72, 73 unten, 75 unten, 78 unten, 79, 80
oben, 82, 83 unten, 84, 85 oben, 86, 87, 89, 90 (2),
91, 92, 92/93, 94, 95, 96, 106, 107, 111 oben rechts, 113
(2), 114, 115 (2), 118, 120, 123, 124 (2), 125 oben, 127, 128
oben rechts und Mitte links, 132 (Kirchner), Um-
schlag Rückseite: Hotels (Hedda Eid) – Mauritius,
Mittenwald: 55 (Özdemir), 103 (Elsen), 104/105
(Pigneter) – Werner Neumeister, München: 76,
121 oben – Werner Richner, Saarlouis: 101 oben –
Steffens, Mainz: 8 unten, 16/17, 19, 20, 33, 34 (2), 40,
47 (2), 48, 51, 63 (2), 64 unten, 65, 67 unten, 75
oben, 78 oben, 80 unten, 81 (2), 97, 101 unten, 116,
117, 119, 126 (Ralph Rainer Steffens), 27 (Helmut
Beyerlein), 49 (Pieter Jos van Limbergen), 58
(Walter Allgöwer) – Süddeutscher Verlag/Bilder-
dienst, München: 12, 13, 14 (2), 15 (3), 102 – Ullstein
Bilderdienst, Berlin: 15, 69 (Willy's Pictures) –
ZEFA, Düsseldorf: 108 (Damm)